셀프 프로젝트학습

쟁공 노트북 Lv.1

자기주도
학습의
완성!

셀프 self project learning
프로젝트 학습

정준환 저

잼공
노트북
Lv.1

잼공 노트북 Lv.1

셀프 프로젝트학습

자기주도 학습의 완성!

1판 1쇄 인쇄 2018년 1월 5일
1판 1쇄 발행 2018년 1월 15일

지은이 | 정준환
펴낸이 | 모흥숙
펴낸곳 | 상상채널
출판등록 | 제2011-0000009호

_이 책을 만든 사람들
편집 | 박은성, 이지수
기획 | 박윤희, 이경혜
그림 | 김병용
표지 | doodle

종이 | 제이피시
제작 | 현문인쇄

주소 | 서울시 용산구 한강대로 104 라길 3
전화 | 02-775-3241~4
팩스 | 02-775-3246
이메일 | naeha@naeha.co.kr
홈페이지 | http://www.naeha.co.kr

값 16,000원
ⓒ 정준환, 2018
ISBN 979-11-87510-06-2
ISBN 978-89-969526-8-8(세트)

이 도서의 국립중앙도서관 출판예정도서목록(CIP)은 서지정보유통지원시스템 홈페이지(http://seoji.nl.go.kr)와
국가자료공동목록시스템(http://www.nl.go.kr/kolisnet)에서 이용하실 수 있습니다.(CIP제어번호 : CIP2017028514)

잼공 project learning 04 series

셀프 self project learning
프로젝트 학습

정준환 저

잼공 노트북 Lv.1

이 세상 하나밖에 없는 나만의 책!

상상채널

prologue. 공부, 뻔하지 않게 펀(fun)하게 즐겨보자!

학교수업,
당연히 열심히 듣는다.

학원수업도 마찬가지다.

물론, 교육방송도 빼놓지 않는다.

매일매일,
그렇게 듣고 또 듣는다.

참을 忍

정말, 공부의 신이 되고 싶다.

하지만, **현실**은…

솔직히, 어제 공부한 것도
기억이 나질 않아.

으~~~ 윽~~~~

누굴 닮아서 이리도 머리가 나쁜 걸까?

토닥토닥~
공부하느라 많이 지쳤구나.

힘내라 힘! 아자아자~ 화이팅!

원래, 우리 **뇌**는 **기억**보다 **망각**을 잘해.

그래서 인류는 기억을
대신할 방법을 발전시켜 왔지.

두둥

궁극의 발명품까지…

더 나아가 **인공지능**…

아이고, 그만하자.

분명한 건 이제 사람보다
기억력이 좋은 물건이 점점 많이
등장할 거라는 사실이야.

확실히 말할 수 있는 건, 기억력이
능력이던 시대는 이미 지났다는 거야.

그렇다고 실망할 필요는 없어.
인간의 두뇌는 무엇보다 특별하니까.

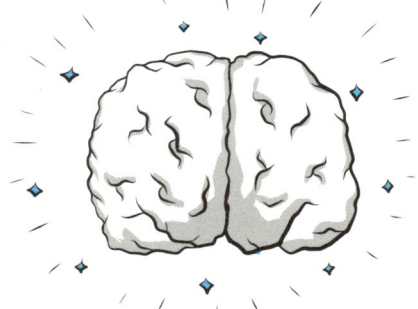

우리 뇌가 좋아하는 방식으로
공부를 한다면 상상도 못할 놀라운 능력의
소유자가 될 수도 있어.

그럼, 우리 뇌에 대해 살짝 알아볼까?

탁 탁

혹시, 편도와 해마에 대해 들어봤어?

No, No,
저는 아니에요.

깜짝

편도는 인간의 정서와 깊은 관련이 있어.
그래서 '감정의 뇌'라고 불려지기도 해.

우리 뇌 안쪽에는 편도와 해마라는 친구가 있어.
절대 떼려야 뗄 수 없는 사이라고 보면 돼.

희로애락도
여기서
느끼지.

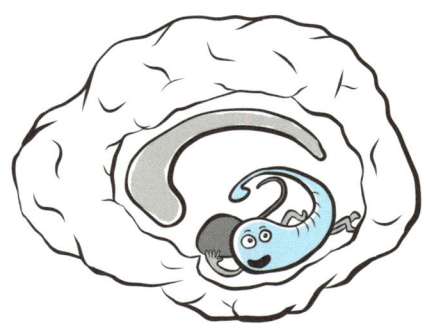

해마는 기억과 밀접하게 관련이 되어 있어.
그래서 일종의 '장기기억장치'라고도 볼 수 있지.

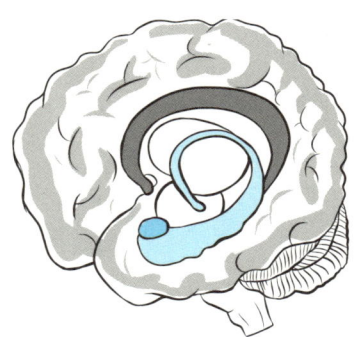

그런데 궁금하지 않아?
둘이 너무 붙었어. 붙어도 너무 붙었단 말이야.

신기한 건, 해마는 편도를 통해 작동한다는 거야.
해마에게 편도는 스위치와 같은 존재,
그 이상이라고 볼 수 있지.

편도가 활동하면 기억을 담당하는 해마의 자기증강(LTP:
Long Term Potentiation)이 커진다는 사실이 밝혀졌어.

자기증강, LTP란 기억을 담당하는 해마의
시냅스 결합의 증강이 장기적으로 지속되면서
기억을 용이하게 하는 현상을 말해.

이런 사실이 뭘 의미하는 것일까?
편도와 해마의 심상치 않은 관계가
공부와 무슨 관련이 있을까?

편도와 해마의 관계는 정서와 인지의 관계,
감정과 기억의 관계를 설명해 주고 있어.

추억을 떠올려봐.
오래된 기억일수록 감정과 관련이 깊어.

감정 없이는 공부가 불가능해.
감정을 가지고 공부를 해야 해.

감정이 배제된 냉철한 이성보다는
감성이 녹아든 따뜻한 지성인이 돼야 하지 않겠어?

그렇다면
어떤 감정으로 공부를 해야 할까?

감정은 인류가 환경에 적응하고
생존하는 데 절대적인 영향을 미쳐왔어.

부정적인 감정은 그 강도에 따라 차이는 있지만
'즉각 중지'와 '회피', '탈출' 등을 알리는
빨강색 경고등과 같아.

반대로 긍정적인 감정은 '지속적인 실천'과
'끊임없는 도전', '자발적 참여' 등을 촉진하는
파란색 주행등과 같아.

부정적인 감정을 가지고 공부를 하게 되면
결국, 남는 것이 하나도 없어. 감정은 즉각적인 중지를
요구하는데 계속 무시하며 공부하다보니
후유증만 남아.

실패에 대한 과도한 두려움이 생기고, 나에 대한
확신은 점점 사라지고. 그냥 공부가 싫어지는 거야.
버티고 버티다 결국 무기력증에 빠져 버리지.

그런데 말이야.
긍정적인 감정은 공부를 계속하게 만들어.

긍정적인 감정은 학습에 대한
자발적인 동기를 불어넣어주지.
이러한 경험이 많을수록
자기 확신이 커지고, 결과적으로
자존감을 높여줘.

이제 이쯤하면

즐겁게 공부하는 방법이

궁금할 거야.

미국에 위치한 세계 최고 수준의 행동과학연구소 NTL(National Training Laboratory)은 참가자의 기억률을 측정하여 학습효율성이 높은 학습방법을 분석하는 실험을 진행했어. 각기 다른 공부방법으로 학습을 진행한 실험자들이 24시간 후에 배운 내용을 얼마나 기억해 내는지 측정하는 방식이었어.

수동형 학습방법

5%	강의듣기
10%	읽기
20%	시청각 교육
30%	시연 시범·현장견학
집단토의 50%	
체험 직접 해보기 75%	
서로 가르치기 90%	

The Learning Pyramid

능동형 학습방법

우리 뇌의 편도와 해마 친구 기억나지?
감정이 장기기억에 미치는 영향을 안다면,
어떤 학습방법을 선택해야 할지 명확해질 거야.

유대인들은 서로 가르치기 활동인 하브루타로 교육을 한다.

이걸 왜 파야 하지?

여길 파라!

우선, 듣고, 읽고, 쓰는 위주의 공부,
수동형 학습방법에서는 벗어나야 해.

적극적으로 설명하고, 다양한 방식으로 표현하고
여러 도구를 활용해 실컷 만들어 보는
그런 학습방법을 적용해봐.

스스로 만들고, 능동적으로 행동하고, 적극적으로 표현하라!

"한국에서 가장 이해하기 힘든 것은 교육이 정반대로 가고 있다는 것이다. 한국 학생들은 하루 15시간 이상을 학교와 학원에서, 자신들이 살아갈 미래에 필요하지 않을 지식을 배우기 위해 그리고 존재하지도 않는 직업을 위해, 아까운 시간을 허비하고 있다."

- 미래학자 앨빈토플러(Alvin Toffler) 2008년 한국강연내용 중

물론 지금껏 해오던 공부방식에서
벗어나는 데는 용기가 필요할 거야.

이렇게 따뜻하게 품고 있으면 귀여운 병아리가 태어날 거야.

새로운 학습방법으로 공부를 하다보면
시간이 많이 걸릴 수도 있어.

상상력은 지식보다 중요해.

[아인슈타인]

명심하면 좋겠어. 교과서에 구애받지 않고 자유로운
상태에서 호기심이 이끄는 대로 맘껏 상상의 나래를
펼치는 것이 진정한 공부라는 것을……..

인간은 항상 새로운 것을 생각해야 해. 그렇지 않으면 인형같이 되어 버린단다.

새로운 것을 생각하고 창조적인 표현과 지식의 기쁨을
깨닫는 것이 얼마나 즐겁고 행복한 일인지 알게 될 거야.

무리하지 말고 할 수 있는 만큼만, 딱 그만큼만 해보자.

우리를 억누르고 있는 교육현실에서
다 바꿀 수는 없겠지.

아는 자는 좋아하는 자만 못하고 좋아하는 자는 즐기는 자만 못한 법이요. (知之者 不如好之者 好之者 不如樂之者)

[공자]

나로부터 시작되는,
내가 만들어 특별한 그런 공부에 도전해 보는 거야.

굳이 노력이라는 말을 앞세우지 않더라도
그냥 절로 몰입하게 되는 공부를 경험해 보자.

노력을 강조하는 교육보다 흥미를 기반으로 한 교육이 질적으로 훨씬 우수해요.

[듀이]

천재는 1% 영감과 99%의 노력으로 이루어진다.
그러나 1% 영감이 99%의 노력보다 중요하다.

[에디슨]

뻔하지 않게 펀(fun)하게
셀프프로젝트학습에 빠져보는 거야.

셀프프로젝트학습 사용설명서

'자기주도학습의 완성, **셀프프로젝트학습 Lv.1**은 다른 책들과 달리 상당수의 내용들을 독자 스스로 채워나가도록 구성되어 있는 것이 특징입니다. 주어진 양식에 어떤 내용들을 담아낼지는 전적으로 독자 여러분의 몫인 셈이죠. 어떤 측면에서는 전체 과정이 작가가 되어 책의 원고를 집필하는 프로젝트학습의 활동으로도 볼 수 있습니다. 그래서 이 책의 최종 목적은 각자 경험한 활동들을 토대로 이 세상 하나밖에 없는 나만의 책을 만드는 데 있습니다. 부디 거대한 여정의 주인공이 되어 나만의 멋진 책을 완성해 봅시다.

❶ 나만의 소중한 책, 책표지에 손수 이름을 짓자!

먼저 책장을 덮고, 표지로 시선을 옮겨주세요. 이 책의 표지를 보면 뭔가 다른 게 느껴지지 않나요? 제목 하단에 빈 공간, 그냥 지나치지 마세요. 그 공란은 여러분들이 채워야 할 공간입니다. 나만의 책이 완성되면, 내용과 어울리는 멋진 제목을 지어주세요. 물론 책제목을 먼저 짓고, 이후에 내용을 채워나가도 괜찮습니다. 내가 만든 소중한 책을 어떤 이름으로 부르고 싶나요? 마음과 의미를 담아 책제목을 지어봅시다.

'재미있는 공부를 위한 공책', 즉 '잼공 노트북'이라는 말이 이 책의 성격을 잘 나타내고 있어요. 여러분들이 셀프프로젝트학습에 푹 빠져들게 되면, 재미있는 공부가 무엇인지 제대로 알게 될 거에요. 그리고 '잼공 노트북' 이름 바로 옆에는 난이도(Lv.)가 표시되어 있어요. 셀프프로젝트학습이 익숙해졌다면 레벨을 높여서 도전해 보세요.

❷ 내가 완성하는 목차, 제목을 더할수록 즐거움이 커진다.

내가 직접 만드는 책인 만큼, 'Section2. 셀프프로젝트학습'과 'Section3. 고릴라 공책'의 목차는 여러분들이 직접 작성해야 합니다. 각 목차의 제목을 무엇으로 할지는 공부내용과 활동성격을 고려하여 써 주세요.

부록으로 목차에 활용할 스티커가 제공되고 있습니다. 처음에 지은 제목이 마음에 들지 않을 경우, 망설일 필요 없이 사용해 주세요. 해당 제목 위에 덧붙이면 깔끔하게 수정할 수 있습니다. 목차를 하나씩 더하며 책 만들기 과정을 만끽해 주세요.

❸ PBL 원정대, 프로젝트학습의 세계로 이끌어준다.

'Section1. PBL 원정대'는 '나만의 공부레시피', 'MARS, 아레스 탐사대를 구출하라!', 'The Futurist, 미래를 보다'라는 주제로 총 3탄에 걸쳐 제공됩니다. 이 책이 시리즈의 첫 번째인 관계로 순서에 따라 여러분들이 경험할 프로젝트학습은 '나만의 공부레시피'랍니다.

PBL 원정대는 이 책의 핵심인 셀프 프로젝트학습의 과정을 체험하고 이해하는 데 목적을 둡니다. 잠깐, 여기서 PBL은 Project Based Learning의 약자로 곧 프로젝트학습을 말합니다. 꼭 알아두세요. 아무튼 여러분은 'PBL MAP', '퀘스트별 활동지', '나만의 교과서' 등을 과제수행과정에 맞게 작성해 봄으로써 책에 공통적으로 적용되고 있는 형식과 내용을 자연스레 이해할 수 있을 겁니다. 이 책이 제공하는 프로젝트학습의 활동방법을 파악하는 데 필수적인 만큼, 절대 빼먹지 말고 참여해 주세요.

일반적으로 프로젝트학습은 가족이나 친구들과 함께해야 더 재미있는 공부가 됩니다. 필요하다면, 주제나 활동에 따라 같이 공부할 동반자를 구해 보세요. 활발하게 대화하고, 다양한 지식과 정보들도 공유하는 가운데 더불어 배우는 즐거움을 느낄 수 있을 겁니다. 물론 혼자 하고 싶은 경우, 고민할 것 없이 그냥 혼자 하면 됩니다. 어떤 공부주제들은 다른 사람과 함께하는 것보다 혼자 하는 것이 훨씬 좋을 수 있을 테니까요. 이것저것 형식에 지나치게 얽매이지 말고, 자신이 하고 싶은 방식대로 셀프 프로젝트학습을 진행해 보세요.

❹ Action Tips, 셀프프로젝트학습의 활동방법을 배우자!

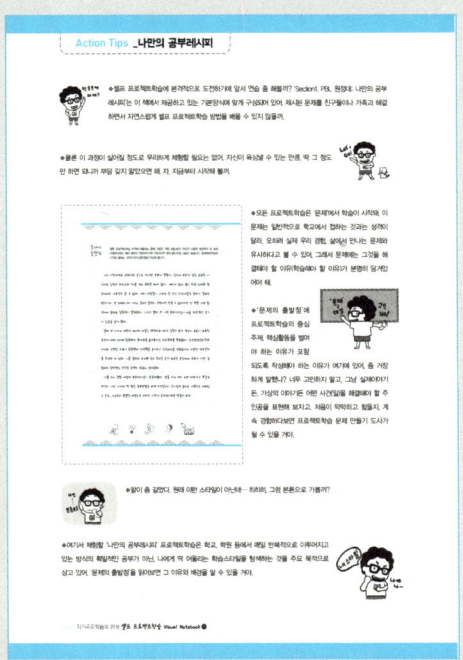

액션 팁스(Action Tips)는 기본적으로 'PBL 원정대'의 활동이 원활히 이루어지도록 필요한 안내를 제공합니다. 여기에는 'PBL MAP', '퀘스트별 활동지', '나만의 교과서' 등 본문에 공통적으로 적용된 양식과 항목별 활용방법 등이 비교적 자세하게 수록되어 있습니다.

이런 이유로 액션 팁스는 두 번째 섹션의 셀프 프로젝트학습의 활동을 진행하는 데도 많은 도움이 됩니다. 이 책에서 제공하고 있는 프로젝트학습의 형식이 잘 이해되지 않을 경우 요긴하게 사용될 수 있습니다.

더불어 전체 섹션에 공통적으로 적용된 '나만의 교과서(고릴라 공책)' 양식을 파악하는 데도 필요합니다. 원활한 활동 진행을 위해 액션 팁스를 꼭 참고해 주세요.

❺ Maker Note, 셀프프로젝트학습이 메이커 활동이 되다.

메이커 노트는 '비주얼하게 씽킹하기', '도전! 온라인 출판물 만들기', '돋보이는 프레젠테이션 자료를 만들어 볼까?', '뚝딱! 쉽고 간단하게 동영상 제작하기', '가상현실(VR) 구현하기', '스크래치로 재미있는 게임 만들기'라는 주제로 2편씩 총 3탄에 걸쳐 제공되고 있어요. 따라서 이 책에서 여러분들이 만나게 될 메이커 노트는 '비주얼하게 씽킹하기'와 '도전! 온라인 출판물 만들기'편입니다.

프로젝트학습의 과정을 들여다보면, 문제(과제)에서 요구하는 무언가를 만들기 위한 활동으로 채워질 때가 많아요. 어떻게 보면 최근 주목받고 있는 메이커 활동(maker activity)과 크게 다르지 않죠. 학습자의 흥미와 호기심에 따라 주제선정에서부터 모든 학습과정을 스스로 결정해야 하는 셀프프로젝트학습의 경우에는 더욱 그렇습니다. 이는 메이커 노트를 통해 셀프프로젝트학습의 과정이 하나의 메이커 활동이 될 수 있도록 유용한 정보를 소개하고 있는 까닭이기도 해요. 자, 그럼 메이커 노트를 참고하여 프로젝트학습의 주제와 내용, 활동의 성격에 맞게 적합한 방법과 도구를 익혀 보는 것은 어떨까요? 여러분들도 충분히 스스로가 감탄할 만한 멋진 작품(학습결과물)을 만들어낼 수 있어요.

❻ 셀프프로젝트학습, 흥미와 호기심에 따라 잼공(재미있는 공부)하라!

이 책의 핵심이 두 번째 섹션에 담겨 있다 해도 과언은 아닐 겁니다. 프로젝트학습의 제목, 문제의 출발점, 퀘스별 문제 상황 등 시작부터 모든 과정에 독자 여러분이 주인공이 돼야 하니까요. 여기는 그야말로 독자가 아닌 작가가 되어 셀프프로젝트학습의 진수를 맛보는 공간입니다. 이를 위해 자신의 흥미와 호기심에 따라 주제를 선정하고, 주제에 어울리는 문제상황을 적절한 방식으로 표현하는 것은 기본이겠죠? 셀프프로젝트학습은 다른 사람이 보기에 잘 하는 것보다 자기 스스로 만족할 만한 과정으로 채워지는 것이 훨씬 중요합니다. 의무적으로 활동지 양식에 빈 칸이 없도록 모두 채운다거나 줄마다 빈틈이 없도록 빼곡하게 글을 써 넣는다면 시작부터 정말 재미없는 활동이 돼버릴 거예요. 얼마 지나지 않아 이내 지쳐버리게 되겠죠. 몇 자의 글, 그림 한 컷도 때론 문제상황을 잘 표현해낼 수 있습니다. 자신감을 갖고 무조건 도전해 보세요. 시작이 절반, 일단 실천에 옮기는 것이 중요합니다. 만약 혼자만의 힘으로 셀프프로젝트학습 과정을 수행하기 어렵다면,

절대 포기하지 말고 가족 또는 가까운 친구들과 함께 해 보는 것을 권장합니다. 이참에 다섯 가지 셀프프로젝트학습의 동반자를 달리 해 보는 것도 탁월한 전략일 것 같아요. 뜬금없지만 한번쯤 부모님과 공동주제를 정하고, 함께 셀프프로젝트학습을 진행해 보는 것은 어떨까요? 여행을 주제로 한 프로젝트학습도 좋을 것 같아요. 서로에 대해 좀 더 알고 친밀해질 수 있는 계기가 되진 않을까요? 덤으로 생각지 못한 삶의 지혜도 얻을 수 있을 테니 마음이 있다면 망설이지 말고 도전해 보세요. 셀프프로젝트학습에서 다루지 못할 주제는 없으니까 마음이 가는대로 실천에 옮기면 된답니다.

❼ 고릴라 공책, 위대한 여정이 시작되다.

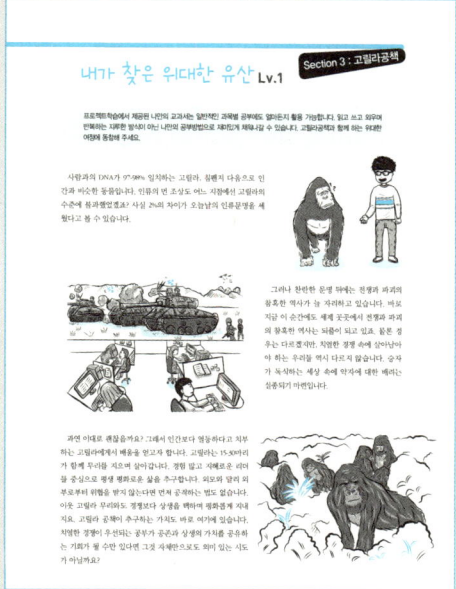

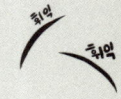

'Section3. 고릴라 공책'은 교과서(Quest A)와 책(Quest B)을 재료로 비주얼 노트북을 완성하는 프로젝트학습입니다. 교과서 공부라고 프로젝트학습의 중심활동이 되지 말라는 법은 없죠. 교과서와 책 속에 담긴 위대한 유산을 찾아 떠나다보면 어느덧 공부의 달인이 되어 있을지도 모릅니다.

과연 인류가 더불어 함께하며 아름다운 문명을 발전시켜 나가는 데 어떤 지혜가 필요할까요? 교과서와 책 속에서 만난 지식 가운데는 인류를 이롭게 할 소중한 지혜(지식)들이 포함되어 있어요. 여기서 이들 지혜를 고릴라공책에 멋지게 담아내는 것이 여러분의 핵심임무입니다.

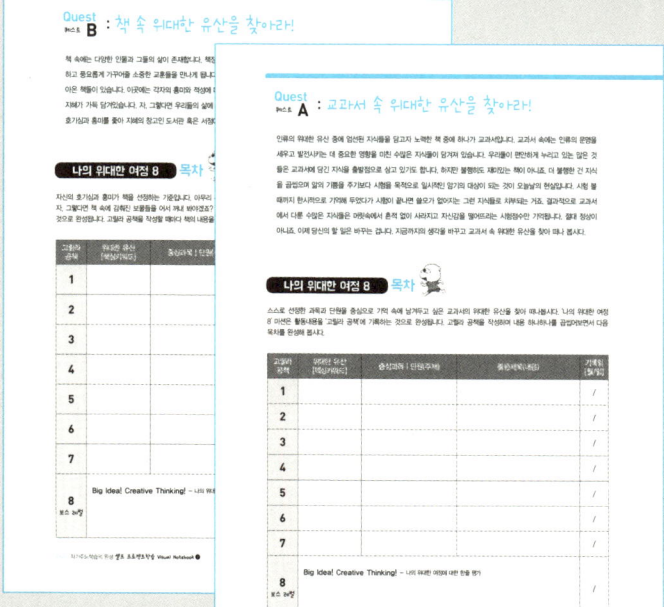

퀘스트 A와 B는 각각 교과서와 책에 담긴 지식을 고릴라공책 활동지에 작성하도록 요구합니다. '나의 위대한 여정 8', 즉 8편의 고릴라공책을 완성해야 제시된 퀘스트의 미션을 충족할 수 있습니다.

'나의 위대한 여정 8' 목차에는 각 고릴라공책에 담은 대표적인 지식들, 중심과목 및 단원, 활동제목(내용), 기록일 등을 그때그때마다 작성하도록 하고 있습니다. 고릴라공책의 리스트를 일목요연하게 정리할 수 있는 만큼, 생략하지 말고 꼭 활용해 주세요.

❽ 교과서와 책에서 얻은 지식, 비주얼하게 고릴라 공책에 담아보자!

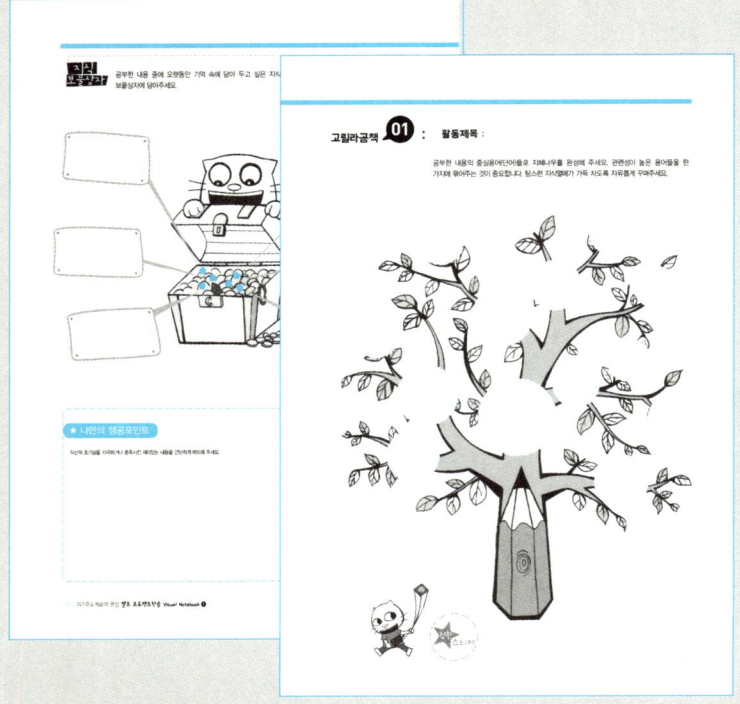

고릴라공책이 이 책의 마지막 순서로 제공되고 있지만, 그것이 활동순서를 의미하는 것은 아닙니다. 섹션마다 활동성격이 달라서 셀프프로젝트학습과 별개로 얼마든지 진행 가능합니다. 충분한 시간을 갖고 차근차근 교과공부나 독서활동과 연계하여 진행하면 효과적입니다.

덧붙여 책의 레벨이 높아지면, 나만의 교과서에서 해야 할 활동이 늘어납니다. 고릴라 공책도 나만의 교과서와 동일한 항목으로 제공되며, 레벨에 따라 활동의 양이 결정된다는 점을 유념해 주세요. 참고로 이 책은 'Lv.1'입니다.

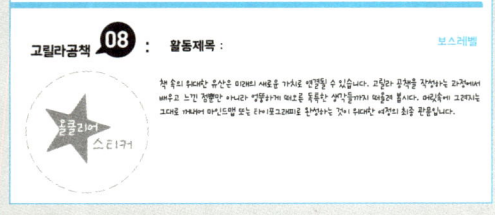

고릴라공책은 퀘스트마다 여덟 편이 제공됩니다. 이중 마지막으로 제공되는 보스레벨은 고릴라공책의 최종관문인데요, 앞서 고릴라공책에 담아낸 지식들을 종합하고 시각적으로 표현하는 것이 핵심활동입니다. 사실 고릴라공책 모두 나만의 교과서와 마찬가지로 시각적 표현을 권장하고 있어요. 시각적 표현방법이 궁금하다면, '메이커노트❶ 비주얼하게 씽킹하기'편을 참고하면 됩니다. 또한 나만의 교과서와 고릴라공책의 활용방법이 크게 다르지 않기 때문에 지혜나무와 지식보물상자를 어떻게 채워야 할지 막막할 경우, 액션 팁스를 꼭 활용해 주세요.

❾ 이야기공작소의 주인장이 되어 상상의 나래를 펼치자.

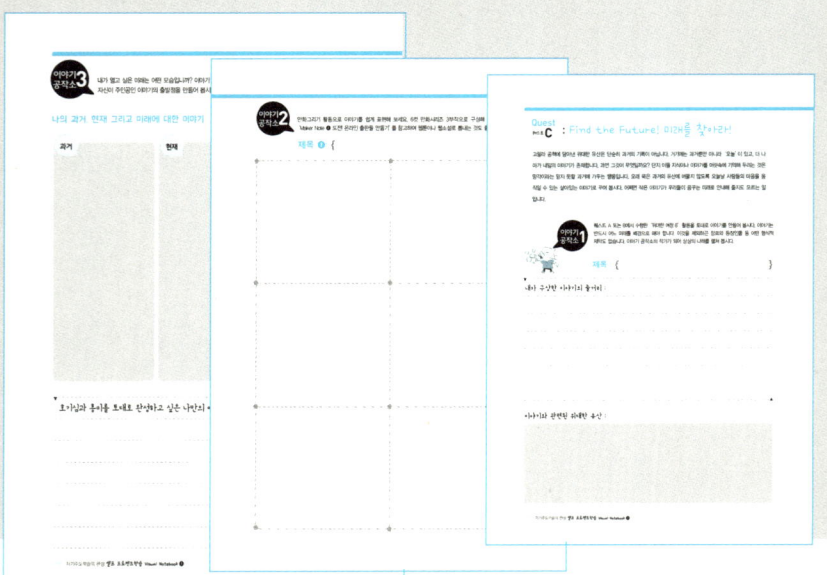

고릴라공책의 퀘스트C는 시리즈마다 각기 다른 활동을 요구합니다. '이야기 공작소'를 시작으로 '고릴라 퀴즈', '지식큐브' 활동이 3탄에 걸쳐 차례대로 제공됩니다. 이들 활동은 앞서 퀘스트 A와 B의 고릴라공책에 담아낸 위대한 유산(지식)들을 토대로 이루어지게 되는데요. 고릴라공책 프로젝트학습의 최종관문인 셈입니다.

이야기공작소는 성격이 다른 3개의 활동으로 이루어집니다. 어떠한 형식적 제약 없이 이야기를 창작하기도 하고, 6컷 만화 (3부작)로 이야기를 재미있게 표현하는 활동도 하게 됩니다. 더 나아가 과거, 현재, 미래로 이어지는 '나'를 주인공으로 한 나만의 이야기를 만들도록 구성되어 있습니다.

아무튼 이들 활동의 목적은 교과서(책) 속 위대한 유산이 오늘날과 미래에 살아있는 이야기로 전해질 수 있도록 하는 데 있습니다. 아무쪼록 활동이 진행되는 동안 이 점을 꼭 명심해 주길 바랍니다.

⑩ 메이커 갤러리, 나만의 특별한 사진전시회를 열다.

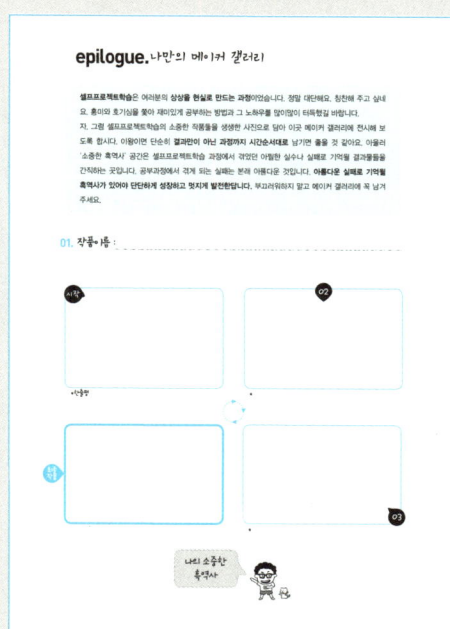

나만의 메이커 갤러리는 셀프프로젝트학습의 과정을 사진으로 기록하는 공간입니다. 셀프프로젝트학습의 내용이 빠짐없이 담기도록 하는 것이 중요한데요. 이를 위해서는 최종 결과물뿐만 아니라 해당 과정을 기념할 수 있는 대표적인 사진들이 필요합니다. 스마트폰 등을 이용해 셀프프로젝트학습의 각 과정들을 사진으로 꼭 담아놓으세요. 더불어 프로젝트학습과정에서 겪게 되는 실수와 실패들을 기록하는 공간도 있습니다. 장담하건데 가까운 미래에 여러분을 미소 짓게 만드는 인생 사진으로 자리매김할 거예요.

★배지스티커로 즐거움과 만족감을 선물받자!

셀프프로젝트학습에 적극적으로 참여한 자신에게 특별한 의미와 상징성을 지닌 인증스티커를 수여할 수 있습니다. 셀프프로젝트학습의 전체 과정을 수행했을 때 받는 '올클리어(All-Clear) 스티커', 퀘스트 단위의 작은 과제수행이나 고릴라공책, 나만의 교과서에 수여하는 칭찬스티커를 각 과정마다 적극적으로 활용해 주세요. 부모님과 선생님이 함께 참여하는 활동인 경우, 이 분들을 통해 받는 것이 더 의미가 있겠죠? 아무튼 이 책의 여러 활동이 진행되는 과정에서 피드백 용도로 자유롭게 활용하면 됩니다.

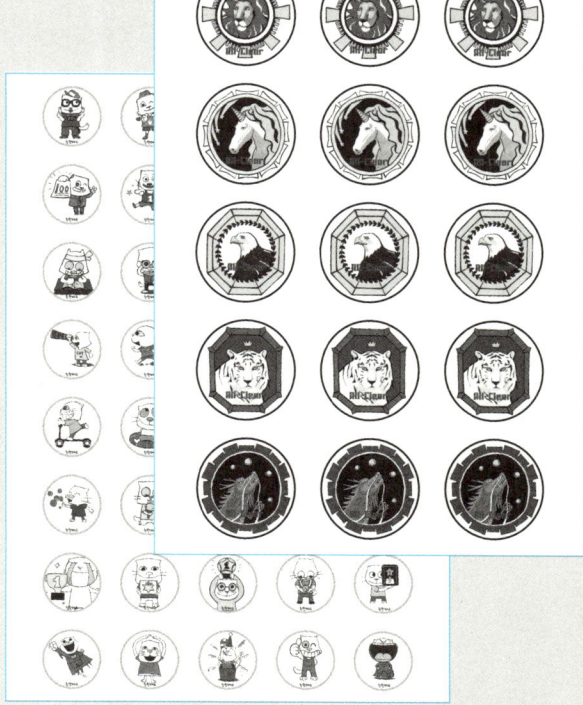

셀프 프로젝트학습

자기주도 학습의 완성!

잼공 노트북 Lv.1

프롤로그 : 공부, 뻔하지 않게 펀(fun)하게 즐겨보자.

셀프 프로젝트학습 사용설명서

Section1. 나만의 공부레시피

Section2. 셀프프로젝트학습으로 잼공하기 Lv.1

Section3. 고릴라 공책, 내가 찾은 위대한 유산

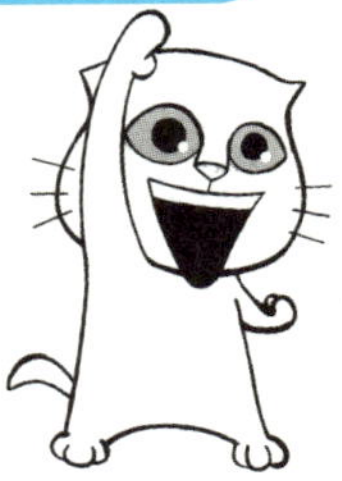

고릴라 공책 ❶   나만의 제목 스티커

고릴라 공책 ❷   나만의 제목 스티커

고릴라 공책 ❸   나만의 제목 스티커

고릴라 공책 ❹   나만의 제목 스티커

고릴라 공책 ❺   나만의 제목 스티커

고릴라 공책 ❻   나만의 제목 스티커

고릴라 공책 ❼   나만의 제목 스티커

고릴라 공책 ❽   나만의 제목 스티커

고릴라 공책 ❶   나만의 제목 스티커

고릴라 공책 ❷   나만의 제목 스티커

퀘스트 C : Find the Future! 미래를 찾아라! _198

project

self project

제목 : 나만의 공부레시피

문제의 출발점

셀프 프로젝트학습 주제에 어울리는 문제 상황은 어떤 것일까요? 자신이 시급히 해결해야 할 실제 상황에서부터 여러 장르의 가상이야기에 이르기까지 담아내지 못할 내용은 없습니다. 프로젝트학습의 시작을 알리는 나만의 문제 출발점을 작성해 봅시다.

나는 이상하게도 소란스런 곳으로 가야만 공부가 잘 된다. 심지어 모두가 잠든 조용한 시간에도 일부러 라디오와 TV를 켜고 공부할 때가 많다. 게다가 앞과 옆이 막힌 도서관 책상에서는 아무 것도 할 수 없다. 여러 사람들이 오가는 탁 트인 장소야말로 공부가 잘 되는 명당이다. 난 도대체 왜 이러는 걸까? 솔직히 주변에선 믿을 수 없다지만 난 정말 그런 환경에서 놀라운 집중력이 발휘된다. 그리고 얼마 전 이런 공부스타일이 나름 과학적인 근거가 있음을 알게 됐다.

얼마 전 시카고 대학의 소비자 저널은 백색소음이라고 일컫는 중간 정도의 소음이 조용한 공간에 비해 오히려 집중력과 창의성을 높여준다는 연구결과를 발표했다. 한국산업심리학회에서도 일정한 소음이 집중력과 기억력을 높여주고 스트레스를 낮춰준다는 비슷한 연구결과를 공개한 바 있다. 이들 결과는 도서관 혹은 독서실 등의 조용한 공간에서 공부가 가장 잘 된다는 일반적인 상식을 완전히 뒤엎는 것이었다.

이쯤 되니 점점 나만의 공부스타일이 궁금해졌다. 남들 하는 대로 그냥 따라가는 똑같은 방식이 아닌 나에게 딱 맞는 공부방법은 과연 무엇일까? 호기심과 흥미로 시작되는 재미있는 공부, 지금부터 특별한 비법으로 버무린 나만의 공부레시피를 만들어 보자.

셀프프로젝트학습 : 1

나만의 공부레시피

어떤 과정으로 문제를 해결할 계획인가요? 문제해결을 위해 꼭 필요한 활동들을 선정하고, 활동순서를 정해서 프로젝트학습 지도를 완성해 봅시다. 활동에 어울리는 퀘스트 제목도 멋지게 지으면 좋겠죠? 아울러 각 퀘스트별 실천계획 및 내용도 간략하게 정리해 주세요.

01 QUEST
활동제목 :

실천계획(내용) :

04 QUEST
활동제목 :

실천계획(내용) :

Big Idea

02 QUEST
활동제목 :

실천계획(내용) :

03 QUEST
활동제목 :

실천계획(내용) :

Quest
퀘스트 **01** : 머리가 좋아지는 음식레시피

_과제난이도 ☆☆☆☆☆

┈문제상황┈

'금강산도 식후경'이라는 말이 있듯이 공부에 앞서 잘 먹는 것은 기본 중에 기본이다. 이는 우리 몸에서 뇌가 차지하는 비중은 작지만, 전체 에너지 사용량 중 상당 부분(25% 가량)을 차지한다는 점에서도 알 수 있는 부분이다.

그렇다면 우리 뇌를 활력 넘치게 만들어 줄 특별한 음식(또는 음료)에는 어떤 것이 있을까. 가족이나 친구와도 함께 즐길 수 있는 머리가 좋아지는 특별한 레시피를 직접 개발해 보자. 최종적으로 야식을 즐기며 맛있게 공부하는 경험을 해야 미션 성공이다.

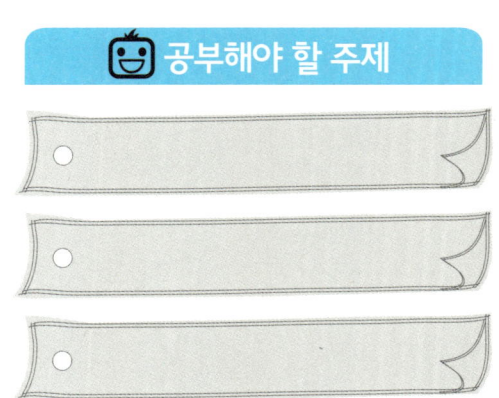

😃 **공부해야 할 주제**

- ○
- ○
- ○

나의 퀘스트 여정

과제수행(활동) 내용을 공부한 순서에 따라 기록합니다. 특히 과제를 수행하면서 새롭게 알게 된 지식과 더 알고 싶어진 지식을 간략하게 정리하는 것이 핵심입니다. 스스로 혹은 선생님이나 부모님을 통해 각 활동별로 수행한 내용을 되짚어보며 평가도 진행해 보도록 하세요.

월/일[시간]	과제수행(활동) 내용	알게 된 것	더 알고 싶은 것	수행 평가
/ [ ]	**(예)** ◆두뇌에 필수적인 영양소, 이들 영양소가 풍부한 음식재료들 조사 ◆두뇌에 좋은 음식 및 음료들 조사 ◆취향저격 특별한 음식 만들기	◆뇌의 건강유지에 필요한 불포화지방산, 무기질, 비타민 등의 영양소 ◆뇌에 필수적인 영양소가 필요한 ○○ 재료 ◆두뇌발달에 도움이 되는 요리들 ◆야식에 안성맞춤 머리가 좋아지는 음식레시피	◆우리 뇌에 관련된 다양한 지식들 ◆스트레스를 덜어줄 특별한 음식들 ◆공부하며 마실 수 있는 좋은 음료들	상 중 하
/ [ ]				상 중 하
/ [ ]				상 중 하

관련교과	국어	사회	도덕	수학	과학	실과			체육	예술		영어	창의적 체험활동	자유학기활동		
						기술	가정	정보		음악	미술			진로 탐색	주제 선택	예술 체육
	○	○	○	○	○	○	○	○	○	○	○	○	○	○	○	○

★ 나만의 잼공포인트
자신의 호기심을 자극하거나 충족시킨 재미있는 내용을 간단하게 메모해 주세요.

나의 지혜나무

배운 내용의 중심용어(단어)들로 지혜나무를 완성해 주세요. 관련성이 높은 용어들을 한 가지에 묶어주는 것이 중요합니다. 탐스런 지식열매가 가득 차도록 자유롭게 꾸며주세요.

지식 보물상자 공부한 내용 중에 오랫동안 기억 속에 담아 두고 싶은 지식은 무엇입니까? 여러분들이 엄선한 지식열매를 보물상자에 담아주세요.

Quest
퀘스트02 : 엽~! 공부의 스웨그

_과제난이도 ☆☆☆☆☆☆

문제상황

공부도 힙합처럼 자신만의 여유와 멋, 약간의 허세로 빚어낸 스웨그가 필요하다. 남들 하듯 교과서 내용을 통째로 기억하기 위한 반복적인 공부방식은 시험성적을 살짝 올려 줄진 모르지만 자신만의 색깔을 잃어버리게 한다. 흥미와 호기심으로 시작되는 자유로운 공부, 지금껏 잊고 지냈던 공부의 스웨그가 궁금하지 않은가. 공부의 스웨그(SWAG)는 강점(Strength), 약점(Weakness), 태도(Attitude), 성장(Growth)으로 나누어 분석하는 것으로 시작된다. 평소 깊게 생각하지 못했던 자신의 강점과 약점, 태도 그리고 성장 가능성을 확인하는 자체만으로도 좋은 출발점이 될 수 있다. 이왕이면 주변에 가까운 사람들(부모님, 선생님, 친구 등)의 시선을 통해 확인해 보는 것이 좋다. 무엇보다 가장 중요한 것은 나에 대한 긍정적인 시선이며 무한한 신뢰이다. 자기만의 개성을 살리는 공부 스웨그를 폼나게 완성해보자.

🔲 공부해야 할 주제

○

○

○

○

나의 퀘스트 여정

과제수행(활동) 내용을 공부한 순서에 따라 기록합니다. 특히 과제를 수행하면서 새롭게 알게 된 지식과 더 알고 싶어진 지식을 간략하게 정리하는 것이 핵심입니다. 스스로 혹은 선생님이나 부모님을 통해 각 활동별로 수행한 내용을 되짚어보며 평가도 진행해 보도록 하세요.

월/일[시간]	과제수행(활동) 내용	알게 된 것	더 알고 싶은 것	수행평가
/ [ ]	**(예)** ◆스웨그의 자세한 의미 파악 ◆성공적인 공부노하우 조사 ◆강점·약점·태도·성장으로 나누어 주변 사람들 대상 면담하기	◆세익스피어의 희곡에 나온 스웨그의 의미 및 여러 분야에서 사용되는 뜻 ◆공부에 관한 잘못된 선입견들 ◆면담을 통해 확인된 것들 등	◆다른 사람이 생각하는 나의 개성 ◆내가 선호하는 공부방식 ◆나의 강점·약점·태도·성장에 관한 다른 사람의 좀 더 많은 생각들	상 중 하
/ [ ]				상 중 하
/ [ ]				상 중 하

관련교과	국어	사회	도덕	수학	과학	실과			체육	예술		영어	창의적 체험활동	자유학기활동		
						기술	가정	정보		음악	미술			진로 탐색	주제 선택	예술 체육
	○	○	○	○	○	○	○	○	○	○	○	○	○	○	○	○

★ 나만의 잼공포인트
자신의 호기심을 자극하거나 충족시킨 재미있는 내용을 간단하게 메모해 주세요.

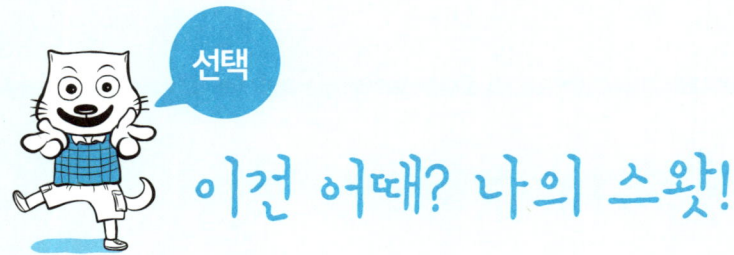

이건 어때? 나의 스왓!

SWOT이란 '강점(**S**trength)', '약점(**W**eakness)', '기회(**O**pportunity)', '위협(**T**hreat)'의 머리글자를 모아 만든 단어로 기업에서 개인에 이르기까지 흔히 사용되는 분석 도구입니다. 강점과 약점은 주변과 상관없이 오로지 '나' 자신의 문제이며, 기회와 위협은 '나'를 둘러싼 환경에 초점을 맞춥니다. '나의 퀘스트 여정'을 토대로 '나'에 대한 분석결과를 자세히 정리해 봅시다.

나의 지혜나무

배운 내용의 중심용어(단어)들로 지혜나무를 완성해 주세요. 관련성이 높은 용어들을 한 가지에 묶어주는 것이 중요합니다. 탐스런 지식열매가 가득 차도록 자유롭게 꾸며주세요.

 공부한 내용 중에 오랫동안 기억 속에 담아 두고 싶은 지식은 무엇입니까? 여러분들이 엄선한 지식열매를 보물상자에 담아주세요.

스스로 평가 자기주도학습의 완성!

나의 신 호 등

01	나는 퀘스트 문제 상황을 잘 파악하고 공부할 주제를 도출했다.	① ② ③ ④ ⑤
02	나는 과제수행 내용을 기록하면서 알게 된 것과 알고 싶은 것을 잘 정리했다.	① ② ③ ④ ⑤
03	나는 공부한 내용을 바탕으로 지혜나무를 멋지게 완성했다.	① ② ③ ④ ⑤
04	나는 공부한 내용 중에 오랫동안 기억에 담아 둘 지식열매를 보물상자에 담았다.	① ② ③ ④ ⑤

자신의 학습과정을 되돌아보고 진지하게 평가해주세요.

Level
up

오늘의 점수   나의 총점수

Quest
퀘스트 03 : 자존감 UP! 나를 살리는 공부

_과제난이도 ☆☆☆☆☆

문제상황

나는 특별한 존재로 태어났다. 누구도 대신할 수 없는 '나'라는 존재에게 소홀히 할 수는 없다. 내 삶의 주인공인 만큼, 이 세상에서 찬란하고 아름다운 인생을 살아갈 자격은 충분하다.

그러나 현실은 냉정하다. 특히 공부 앞에선 한없이 작아지기 일쑤다. 답답하고 느닷없이 화도 난다. 아무것도 하기 싫어서 TV를 보고, 스마트폰을 만지작거린다. 공부하기 위해 책상 앞에 앉아도 머릿속엔 온통 딴 생각뿐이다. 이런 나를 마주할 때면 한심하다.

나는 보석처럼 빛나고 싶다. 나의 잃어버린 자존감을 높이기 위한 공부는 무엇이어야 할까? 그동안 잊고 지냈던 흥미와 호기심을 당장 소환해야겠다. 흥미와 호기심에서 비롯된 공부주제를 꼽아보는 것만 해도 의미있는 출발점이 되지 않을까.

공부해야 할 주제

- ○
- ○
- ○
- ○

나의 퀘스트 여정

과제수행(활동) 내용을 공부한 순서에 따라 기록합니다. 특히 과제를 수행하면서 새롭게 알게 된 지식과 더 알고 싶어진 지식을 간략하게 정리하는 것이 핵심입니다. 스스로 혹은 선생님이나 부모님을 통해 각 활동별로 수행한 내용을 되짚어보며 평가도 진행해 보도록 하세요.

월/일[시간]	과제수행(활동) 내용	알게 된 것	더 알고 싶은 것	수행평가
/ [ ]	**(예)** ◆[자존감 진단] 나에게 있어서 자존감에 상처를 입히고 있는 과목들 ◆[흥미분야조사] 1년 동안 주로 읽은 책들 또는 글들 추적하기 ◆[호기심 조사] 부족한 시간을 할애해서라도 배우고 싶은 분야, 배울수록 더 알고 싶은 것들	◆○○과목을 공부할 때, 극심한 스트레스를 받고 있으며, 평가결과도 좋지 않음 ◆평소 영화를 좋아하며, 관련 책은 닥치는 대로 읽고 있음 ◆영화제작과 관련된 모든 것을 알고 싶어함	◆○○과목을 스트레스 받지 않고 공부할 수 있는 방법 ◆어느 유명 영화감독의 인생, 좋은 영화를 만들 수 있는 비결 ◆영화콘티제작 방법 및 여러 촬영 기법들	상 중 하
/ [ ]				상 중 하
/ [ ]				상 중 하

관련교과	국어	사회	도덕	수학	과학	실과			체육	예술		영어	창의적 체험활동	자유학기활동		
						기술	가정	정보		음악	미술			진로 탐색	주제 선택	예술 체육
	○	○	○	○	○	○	○	○	○	○	○	○	○	○	○	○

★ 나만의 잼공포인트
자신의 호기심을 자극하거나 충족시킨 재미있는 내용을 간단하게 메모해 주세요.

**나의
지혜나무**

배운 내용의 중심용어(단어)들로 지혜나무를 완성해 주세요. 관련성이 높은 용어들을 한 가지에 묶어주는
것이 중요합니다. 탐스런 지식열매가 가득 차도록 자유롭게 꾸며주세요.

청찬 스티커

지식 보물상자 공부한 내용 중에 오랫동안 기억 속에 담아 두고 싶은 지식은 무엇입니까? 여러분들이 엄선한 지식열매를 보물상자에 담아주세요.

스스로 평가 자기주도학습의 완성!

나의 신 호 등

01	나는 퀘스트 문제 상황을 잘 파악하고 공부할 주제를 도출했다.	① ② ③ ④ ⑤
02	나는 과제수행 내용을 기록하면서 알게 된 것과 알고 싶은 것을 잘 정리했다.	① ② ③ ④ ⑤
03	나는 공부한 내용을 바탕으로 지혜나무를 멋지게 완성했다.	① ② ③ ④ ⑤
04	나는 공부한 내용 중에 오랫동안 기억에 담아 둘 지식열매를 보물상자에 담았다.	① ② ③ ④ ⑤

자신의 학습과정을 되돌아보고 진지하게 평가해주세요.

Level up

오늘의 점수    나의 총점수

Quest 퀘스트 **04** : 지호락! 잘하는 것과 잘할 수 있는 것들

_과제난이도 ☆☆☆☆☆

문제상황

덕후! 마니아? 무엇인가에 마음을 사로잡혀서 깊이 있게 파고 드는 사람들을 일컫는 말이다. 이들은 열일을 제쳐놓고 틈나는 대로 관련 활동에 몰두하려 한다. 밤낮없이 해당 지식과 기술을 배우기 위해 시간을 보낸다. 상당한 시간을 쏟아 붓는 데도 지치 거나 지루할 새가 없다. 그 자체가 이들에겐 즐거움이고 행복이기 때문이다.

지호락(知好樂)★, 단순히 아는 것에 머물지 않고 좋아하고 즐 기는 수준으로 공부를 끌어올릴 수만 있다면 얼마나 좋을까? 불 가능하다고? 절대 아니다. 내가 잘하는 것과 잘할 수 있는 것들, 그 속에 가능성이 있다. 자신이 좋아하는 분야에서 진정한 '공부 덕후! 공부마니아!'로 거듭나길……

공부해야 할 주제

○

○

○

○

★공자는 배움의 세 가지 단계로 '지호락(知好樂)'을 제시하면서 최고의 경지를 '락', 즐거움에 뒀다. 그에 따르면 진정한 배움은 단순히 아는 것에 머물지 않고 그것을 좋아하고 마침내 즐길 수 있을 때 이루어진다.

 **나의 퀘스트 여정**

과제수행(활동) 내용을 공부한 순서에 따라 기록합니다. 특히 과제를 수행하면서 새롭게 알게 된 지식과 더 알고 싶어진 지식을 간략하게 정리하는 것이 핵심입니다. 스스로 혹은 선생님이나 부모님을 통해 각 활동별로 수행한 내용을 되짚어보며 평가도 진행해 보도록 하세요.

월/일[시간]	과제수행(활동) 내용	알게 된 것	더 알고 싶은 것	수행 평가
/ [ ]	**(예)** ◆특정 분야의 덕후나 마니아로 유명한 사람들, 성공이야기 조사 ◆다른 사람들로부터 인정받고 있는 나의 능력파악-관련 인터뷰하기 ◆잘하는 것과 잘할 수 있는 것들 정리하기 (리스트 작성)	◆만화가인 ○○은 자치생활을 하며 다양한 요리에 관심을 갖게 됐고, 지금은 요리전문가 수준의 능력을 발휘하고 있음 ◆인터뷰 결과 친구들로부터 춤 실력과 그림 그리기를 인정받고 있었음 ◆[잘하는 것] 관찰한 것을 그대로 그림으로 표현하기 ◆[잘할 수 있는 것] 연습할 시간만 있다면 힙합댄스를 잘 할 수 있음	◆내가 관심있는 ○○분야에서 덕후(마니아)로 소문난 사람들 ◆춤이나 그림과 관련된 진로 찾기 – 관련 직업들 조사 ◆내가 잘하는 것들에 대한 전문가들의 의견	상 / 중 / 하
/ [ ]				상 / 중 / 하
/ [ ]				상 / 중 / 하

관련교과	국어	사회	도덕	수학	과학	실과			체육	예술		영어	창의적 체험활동	자유학기활동		
						기술	가정	정보		음악	미술			진로 탐색	주제 선택	예술 체육
	○	○	○	○	○	○	○	○	○	○	○	○	○	○	○	○

★ **나만의 잼공포인트**

자신의 호기심을 자극하거나 충족시킨 재미있는 내용을 간단하게 메모해 주세요.

036 셀프 프로젝트학습 **잼공 노트북 Lv.1**

나의 지혜나무

배운 내용의 중심용어(단어)들로 지혜나무를 완성해 주세요. 관련성이 높은 용어들을 한 가지에 묶어주는 것이 중요합니다. 탐스런 지식열매가 가득 차도록 자유롭게 꾸며주세요.

 공부한 내용 중에 오랫동안 기억 속에 담아 두고 싶은 지식은 무엇입니까? 여러분들이 엄선한 지식열매를 보물상자에 담아주세요.

Quest
퀘스트05 : 나만의 공부레시피는 바로 이것

_과제난이도 ☆☆☆☆☆

문제상황

일반적으로 레시피는 재료와 양념, 조리순서 및 소요시간 등이 상세히 담겨있다. 여기에는 재료별 차지하는 비중이라든지 양념의 양, 조리순서에 따라 재료와 양념이 투입되는 시기도 당연히 포함된다. 공부레시피도 이와 크게 다르지 않다. 흥미와 호기심이 닿아있는 주제는 당연히 공부레시피의 주요 재료이다. 나만의 개성이 돋보이는 공부 스웨그는 특별한 양념이 되어 줄 것이다. 물론 공부의 남다른 품격은 '락(樂)'을 통해 완성된다. 허나 이 모든 것은 재료별 비중과 양념의 양, 조리순서와 시간, 도구(환경)를 지켰을 때 가능하다. 어떻게 보면 야심차게 세운 대부분의 공부계획이 며칠 지나지 않아 무산되는 것도 이 때문이다. 자, 지금부터 나만의 공부레시피를 만들어보자. 이왕이면 이 책에 채워나갈 셀프프로젝트학습 계획을 중심으로 세워보는 것은 어떨까. 오감이 만족하는 나만의 방식으로 공부를 요리해 보자.

😊 **공부해야 할 주제**

○

○

○

○

나의 퀘스트 여정

과제수행(활동) 내용을 공부한 순서에 따라 기록합니다. 특히 과제를 수행하면서 새롭게 알게 된 지식과 더 알고 싶어진 지식을 간략하게 정리하는 것이 핵심입니다. 스스로 혹은 선생님이나 부모님을 통해 각 활동별로 수행한 내용을 되짚어보며 평가도 진행해 보도록 하세요.

월/일[시간]	과제수행(활동) 내용	알게 된 것	더 알고 싶은 것	수행 평가
/ [ ]	(예) ◆실패한 공부계획들과 그 이유 분석하기 ◆재료(공부 주제), 양념(스웨그), 조리순서(공부 절차), 도구·환경 등이 포함된 특별한 공부레시피 만들기	◆흥미와 호기심과 동떨어진 공부계획이라서 실패 ◆공부 절차나 시간계획이 무리하게 세워짐 ◆내게 유용한 학습도구 및 공부가 잘 되는 환경 ◆나의 셀프프로젝트학습 계획	◆성공적인 공부계획 사례조사 ◆나의 스타일에 맞는 공부 절차, 집중력이 유지되는 적정시간 ◆창의력을 높여주는 학습도구의 활용방법	상 중 하
/ [ ]				상 중 하
/ [ ]				상 중 하

관련교과	국어	사회	도덕	수학	과학	실과			체육	예술		영어	창의적 체험활동	자유학기활동		
						기술	가정	정보		음악	미술			진로탐색	주제선택	예술체육
	○	○	○	○	○	○	○	○	○	○	○	○	○	○	○	○

★ **나만의 잼공포인트**

자신의 호기심을 자극하거나 충족시킨 재미있는 내용을 간단하게 메모해 주세요.

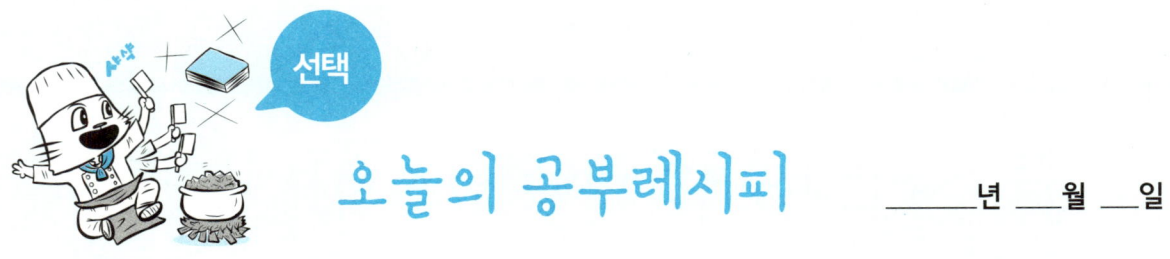

오늘의 공부레시피

_____년 ___월 ___일

작심삼일은 이제 그만, 하루 단위로 공부계획을 세워보자! 오늘의 공부레시피에 따라 하루를 알차게 채워나가는 것 자체가 즐거움이 아닐까.

☆**재료** : 배우고 싶은 지식들(공부할 주제)

☆**양념** : 스웨그(SWAG) 중심으로 학습동기 작성

[예] 자신의 부족한 분야(W)를 보완하기 위한 동기 | ○○교과에 대한 흥미도(A)를 높이기 위한 동기

특별요리 : 기분 좋게 공부할 수 있도록 만들어줄 나의 두뇌를 위한 에너지원

☆ **도구·환경** : 공부에 활용할 학습도구 및 기본적으로 요구되는 환경

☆ **조리순서** : 자신만의 방식으로 학습계획 표현

공부?!

☆ **도구·환경** : 공부에 활용할 학습도구 및 기본적으로 요구되는 환경

나의 지혜나무

배운 내용의 중심용어(단어)들로 지혜나무를 완성해 주세요. 관련성이 높은 용어들을 한 가지에 묶어주는 것이 중요합니다. 탐스런 지식열매가 가득 차도록 자유롭게 꾸며주세요.

 공부한 내용 중에 오랫동안 기억 속에 담아 두고 싶은 지식은 무엇입니까? 여러분들이 엄선한 지식열매를
보물상자에 담아주세요.

스스로 평가 자기주도학습의 완성!		나의 (신) (호) (등)
01	나는 퀘스트 문제 상황을 잘 파악하고 공부할 주제를 도출했다.	① ② ③ ④ ⑤
02	나는 과제수행 내용을 기록하면서 알게 된 것과 알고 싶은 것을 잘 정리했다.	① ② ③ ④ ⑤
03	나는 공부한 내용을 바탕으로 지혜나무를 멋지게 완성했다.	① ② ③ ④ ⑤
04	나는 공부한 내용 중에 오랫동안 기억에 담아 둘 지식열매를 보물상자에 담았다.	① ② ③ ④ ⑤

자신의 학습과정을 되돌아보고 진지하게 평가해주세요.

Level up

오늘의 점수   나의 총점수

셀프 프로젝트학습을 수행하는 과정에서 배우고 느낀 점은 무엇입니까? 머릿속에 담겨진 그대로
꺼내어 마인드맵으로 표현해 봅시다. 더불어 학습과정에서 얻게 된 빅아이디어, 창의적인
생각을 정리하는 것도 잊지 마세요.

Big Idea! Creative Thinking!

나의 지식사전	셀프프로젝트를 수행하는 과정에서 알게 된 중요한 지식을 '나의 지식사전'에 남기도록 합니다. 특히 해당 지식의 소멸시점을 예상하고 그 이유를 함께 기록해 보세요.

핵심용어	중심내용	내가 생각하는 지식유효기한과 이유

★나에게 보내는 칭찬 한 마디

FREE NOTE

Action Tips _나만의 공부레시피

❖셀프 프로젝트학습에 본격적으로 도전하기에 앞서 연습 좀 해볼까? 'Section1. PBL 원정대: 나만의 공부레시피'는 이 책에서 제공하고 있는 기본양식에 맞게 구성되어 있어. 제시된 문제를 친구들이나 가족과 해결하면서 자연스럽게 셀프 프로젝트학습 방법을 배울 수 있지 않을까.

❖물론 이 과정이 싫어질 정도로 무리하게 체험할 필요는 없어. 자신이 욕심낼 수 있는 만큼, 딱 그 정도만 하면 되니까 부담 갖지 말았으면 해. 자, 지금부터 시작해 볼까.

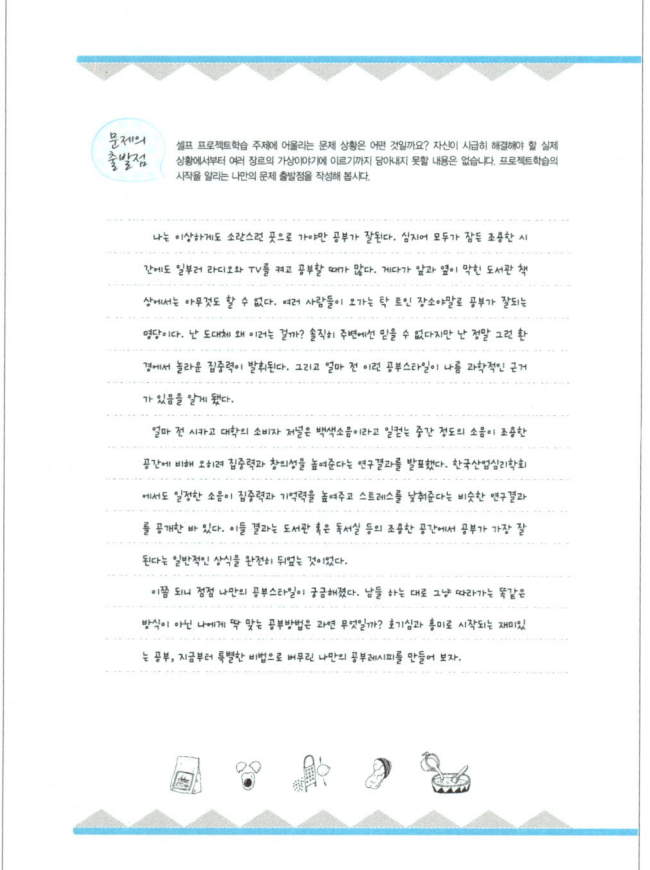

❖모든 프로젝트학습은 '문제'에서 학습이 시작돼. 이 문제는 일반적으로 학교에서 접하는 것과는 성격이 달라. 오히려 실제 우리 경험, 삶에서 만나는 문제와 유사하다고 볼 수 있어. 그래서 문제에는 그것을 해결해야 할 이유(학습해야 할 이유)가 분명히 담겨있어야 해.

❖'문제의 출발점'에 프로젝트학습의 중심 주제, 핵심활동을 벌여야 하는 이유가 포함되도록 작성해야 하는 이유가 여기에 있어. 좀 거창하게 말했나? 너무 고민하지 말고, 그냥 실제이야기든, 가상의 이야기든 어떤 사건(일)을 해결해야 할 주인공을 표현해 보자고. 처음이 막막하고 힘들지. 계속 경험하다보면 프로젝트학습 문제 만들기 도사가 될 수 있을 거야.

❖말이 좀 길었다. 원래 이런 스타일이 아닌데… 히히히, 그럼 본론으로 가볼까?

❖여기서 체험할 '나만의 공부레시피' 프로젝트학습은 학교, 학원 등에서 매일 반복적으로 이루어지고 있는 방식의 획일적인 공부가 아닌, 나에게 딱 어울리는 학습스타일을 탐색하는 것을 주요 목적으로 삼고 있어. '문제의 출발점'을 읽어보면 그 이유와 배경을 알 수 있을 거야.

❖문제의 출발점이 내 것이 되었다면, 'PBL MAP'으로 넘어가면 돼. 어떤 일을 도모할 때 계획이 빠지면 되겠어? 거대한 프로젝트가 본격화되기 전에 늘 청사진을 먼저 그리는 것처럼, 각 단계(Quest)별로 문제해결을 위한 실천계획을 세우는 것은 당연해. 구체적으로 작성하는 것이 어렵더라도 학습과정을 예상해보고 활동순서별로 간략하게 정리해 봐.

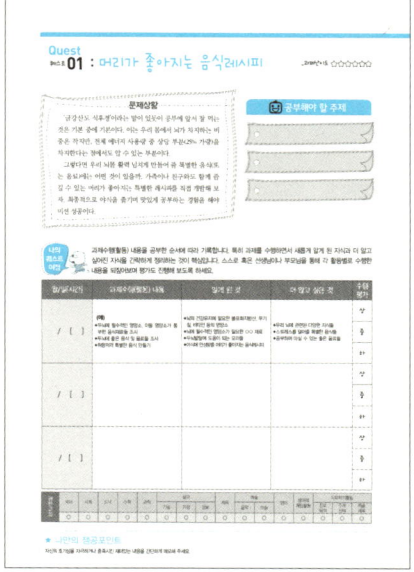

❖다만 공부레시피 프로젝트학습은 이미 퀘스트별 중심활동이 제시되어 있으니까 내용을 살펴보고 'PBL MAP'을 채워 보자고. 넌 충분히 해낼 수 있어. 아자아자 힘내라! 힘!

❖'나만의 공부레시피'의 첫 번째 퀘스트는 '머리가 좋아지는 음식레시피'로 했어. 많은 학생들이 학원시간을 맞추려고, 편의점에서 인스턴트 음식을 사먹곤 하는데, 사실 우리 뇌에 그리 도움이 되지 않거든. 몸의 컨디션이 좋아야 공부도 잘되는 법인데, 평소 즐겨 먹는 음식에 대해 너무 관심이 없는 것 같아.

❖기본적으로 각 퀘스트에는 활동의 이유를 포함한 문제상황을 간단히 쓰도록 되어 있어. 더불어 '문제상황'을 해결하는 데 필요한 핵심 공부주제를 우측 편에 작성하도록 구성되어 있지.

❖'공부해야 할 주제'는 아래 '나의 퀘스트 여정'과 관련이 깊어. 여기에 '과제수행내용'과 '알게 된 것', '더 알고 싶은 것'으로 구분하여 간략하게 기록하면 돼. 학습과정을 되돌아보고 수행평가하는 항목도 있어. 수행평가를 자기 스스로 해볼 수도 있지만, 이왕이면 부모님이나 선생님이 해 주시는 게 좋아. 물론 너가 괜찮다면 말이야.

❖그밖에 '과제난이도(제목 우측에 위치)'를 자신의 기준에 따라 표기해 주고, '관련교과(하단에 위치)'에는 공부한 내용과 연계된 교과 정보를 체크해 줘. 무엇보다 '나만의 잼공포인트'는 학습과정에서 가장 재미있게 느껴졌던 부분을 간단히 남기는 공간이야. 어떻게 채워야 할지 알겠지?

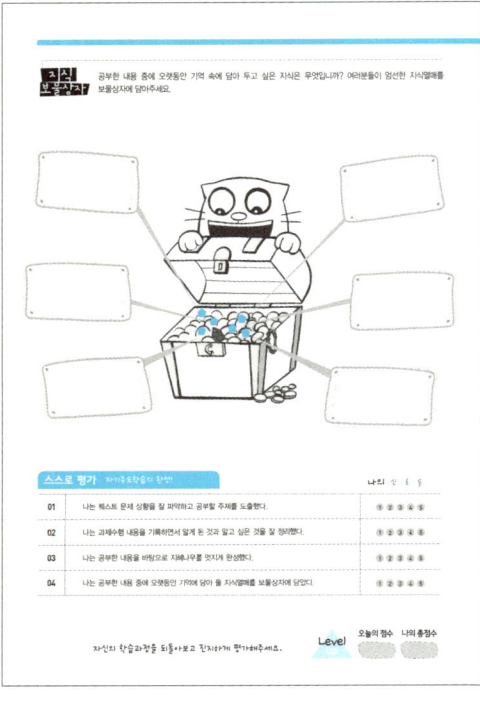

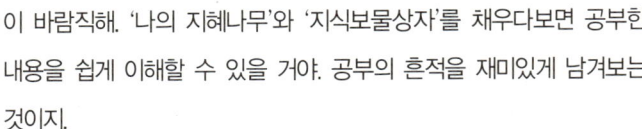

❖학습활동이 진행되는 동안, 또는 진행된 이후에 '나만의 교과서'를 적극적으로 활용하는 것이 바람직해. '나의 지혜나무'와 '지식보물상자'를 채우다보면 공부한 내용을 쉽게 이해할 수 있을 거야. 공부의 흔적을 재미있게 남겨보는 것이지.

❖이 책이 비주얼 노트북(visual notebook)이니까 꼭 글로 채우려 하지 말고 낙서하듯 그림으로도 나타내 봐. 이 책의 'Maker Note1. 비주얼하게 씽킹하기'편을 읽어보면 도움이 될 거야.

❖지혜나무를 표현할 때는 나무줄기를 꼭 고려해야 해. 같은 나무줄기는 서로 관련성이 높은 녀석들로 배치해 주는 것이 좋아. 제시된 공간이 부족하면 얼마든 추가로 그려서 표현할 수 있으니 걱정 말라고. 풍성한 열매가 가득 맺힌 지혜나무, 상상만 해도 매력적이지 않아?

❖지식보물상자는 말 그대로 오랫동안 기억에 남겨두고 싶은 지식들을 담는 공간이야. 지혜나무의 열매와 중복돼도 상관없어. 그만큼 소중하다는 거니까. 앞서 지혜나무는 용어(키워드), 상징적 이미지 등으로 표현하는 공간이라면, 지식보물상자는 선정한 지식의 핵심내용을 정리하는 공간이야. 각 성격에 맞게 잘 활용하는 것이 중요하겠지?

❖이제 남은 건 '스스로 평가', 학습과정을 곱씹어보며 나의 신호등을 결정하는 공간이지. 평가기준은 그 누구도 아닌 나에게 있어. 그러니 눈치 보지 말고 소신껏 해보라고. 자기에게 지나치게 엄격한 친구들이 있는데, 그거 좋은 거 아니야. 나를 많이 칭찬해줄수록 정신 건강에도 이로운 법이니까. 냉철하게 평가하더라도 자존감에 상처는 남기지 말자고.

❖스스로 평가점수 합계는 '오늘의 점수'에 기록하고, 앞서 집계했던 퀘스트별 스스로 평가점수까지 더해서(누계해서) '나의 총점수'를 표기하도록 해. Level Up! 나에게 매긴 점수가 쌓여갈수록 멋지게 성장하고 있는 거라고.

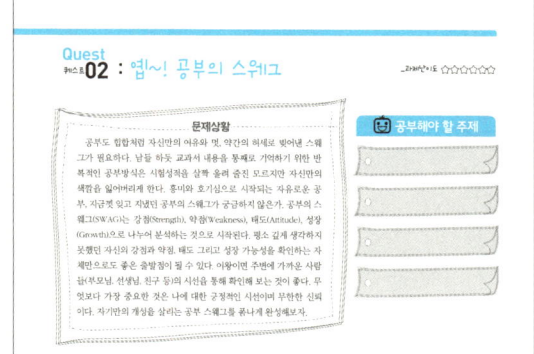

Quest 퀘스트02 : 옙~! 공부의 스웨그

난이도 ☆☆☆☆☆

문제상황

공부도 힙합처럼 자신만의 여유와 멋, 약간의 허세로 빚어낸 스웨그가 필요하다. 남들 하듯 교과서 내용을 통째로 기억하기 위한 반복적인 공부방식은 시험성적을 살펴 줄진 모르지만 자신만의 색깔을 잃어버리게 한다. 흥미와 호기심으로 시작되는 자유로운 공부, 지금껏 잊고 지냈던 공부의 스웨그가 궁금하지 않은가. 공부의 스웨그(SWAG)는 강점(Strength), 약점(Weakness), 태도(Attitude), 성장(Growth)으로 나누어 분석하는 것으로 시작된다. 평소 깊게 생각하지 못했던 자신의 강점과 약점, 태도 그리고 성장 가능성을 확인하는 자체만으로도 좋은 출발점이 될 수 있다. 이왕이면 주변에 가까운 사람들로부터 선생님, 친구 들의 시선을 통해 확인해 보는 것이 좋다. 무엇보다 가장 중요한 것은 나에 대한 긍정적인 시선이며 무한한 신뢰이다. 자기만의 개성을 살리는 공부 스웨그를 끝나게 완성해보자.

📖 공부해야 할 주제

❖시험점수와 석차로 그 사람의 공부스타일을 알긴 어려워. 그럼에도 불구하고 우린 이런 결과로 그 사람의 공부능력을 판단하는데 익숙해. 과연 옳은 걸까? 참 고민스런 문제야.

❖여기서 이런 교육현실에 대해 옳고 그름을 얘기하고 싶지는 않아. 좀 더 공부다운 공부가 필요하다는 생각뿐이야. 나만의 개성을 살리는 공부스타일을 갖게 된다면 정말 좋지 않을까? 공부의 스웨그를 알면 분명 길이 보일 거야.

❖공부의 스웨그(SWAG)는 문제상황에 제시된 것처럼 강점, 약점, 태도, 성장가능성을 확인함으로써 조금이나마 짐작해 볼 수 있어.

❖**강점(S)**은 그 사람의 경쟁력을 의미해. 내가 가진 무기를 잘만 활용하면 질이 우수한 학습결과를 얻을 수 있는 법이지. 이를테면 평소 그리는 것에 소질이 있는 학생이 학습결과물을 그림으로 표현하게 될 때, 훨씬 질 좋은 결과를 얻게 되는 것과 같은 이치야.

❖**약점(W)**은 열등감과 연결되어 있어. 우린 다른 사람과 비교해서 부족한 부분을 약점이라고 생각하곤 하는데, 거기서 열등감이 시작될 때가 많지. 실패할 것이라 미리 단정 짓고 시도조차 하지 않게 되는데, 만약 이런 일들이 반복적으로 일어나게 되면 내 삶에 악영향을 미치는 치명적인 약점으로 자리잡을 수 있어. 그러니 약점을 찾아 하루속히 없애야겠지?

❖강점은 살리고 약점은 보완해야 한다는 점, 꼭 명심했으면 해. 공부의 스웨그를 완성하는데 절대적으로 필요하니까 말이야. 주변에 가까운 사람들로부터 강점, 약점, 태도, 성장가능성을 확인해 보는 것도 잊지 말고.

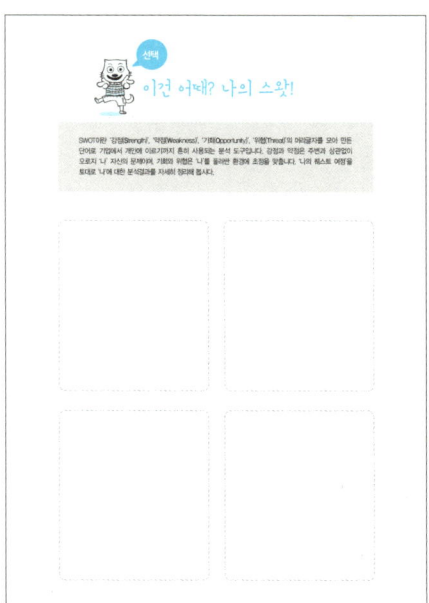

선배

이건 어때? 나의 스왓!

SWOT이란 '강점(Strength)', '약점(Weakness)', '기회(Opportunity)', '위협(Threat)'의 머리글자를 모아 만든 단어이다. 기업에서 개인에 이르기까지 흔히 사용되는 분석 도구이다. 강점과 약점은 주변과 상관없이 오로지 나 자신의 문제이며, 기회와 위협은 나를 둘러싼 환경에 의해 조정을 받는다. 나의 테스트 예상을 토대로 '나에 대한 분석결과를 자세히 정리해 봅시다.

❖**태도(A)**는 공부를 대하는 마음의 자세라고 할 수 있어. 겉으로 드러난 행동만으로는 절대 알 수 없어. 그래서 마음이 중요해. 실패에 대한 긍정적인 마음, 낙관적인 자세는 실패를 성공의 어머니로 만들어. 공부에 대한 너의 태도는 어떠니? 슬슬 궁금해지는데…….

❖**성장(G)**은 긍정적인 변화를 의미해. 과거와 지금의 '나'가 다르듯, 현재와 미래의 '나'는 분명 달라야 해. 과거에서 오늘까지 이어지는 긍정적인 변화들을 살펴보고, 그것을 통해 가능성을 탐색하는 일은 그래서 중요하지.

❖자, 그럼 나만의 공부 스웨그를 완성해 볼까. 한걸음 더 나아가 추가적으로 제공되는 나의 스왓(SWOT) 활동지를 활용해 보는 것도 권장하고 싶어. 나에 대한 지나친 분석으로 피로감이 생겼다면 그냥 패스~

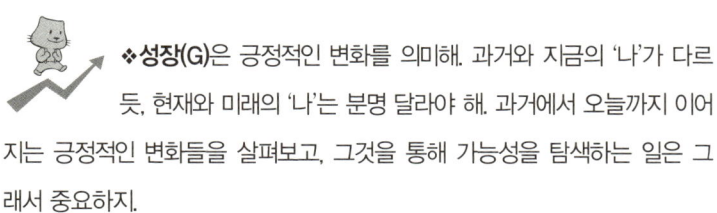

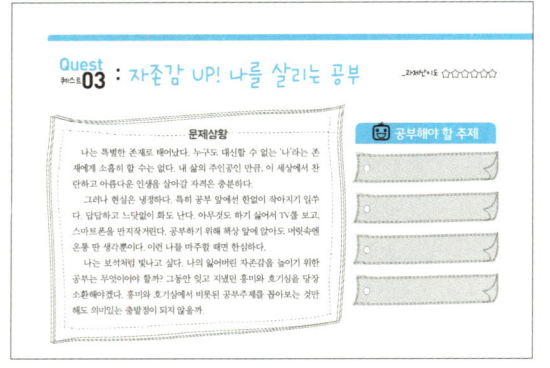

❖자존감이 높은 사람이 인생을 행복하게 산다는 연구결과들이 많아. 이들 중에는 상당수가 자신의 분야에 의미있는 성공을 거두기도 하지.

❖공부를 하면 할수록 자신감이 떨어지고, 세상에 대한 두려움이 커지고 있다면, 뭔가 잘못되고 있다는 신호야. 그대로 두면 내 인생에 좋을 게 하나도 없어. 망설이지 말고 바꿔야 해. 나를 살리는 공부로…

❖세 번째 퀘스트는 자존감을 높일 수 있는 공부주제를 찾아보는 것이 목적이야. 교과공부도 좋겠지만, 내가 가진 흥미와 호기심이 이끄는 주제를 선정하는 것이 최우선! 그동안 잊고 지냈던 흥미와 호기심에는 어떤 것이 있는지 찾아보자고.

❖이 책의 셀프 프로젝트학습주제를 찾아보는 과정이라고 생각해도 좋을 것 같아. 여기서 선정한 공부주제로 나를 살리는 프로젝트학습을 진행해 보는 것이지. 어때? 재미있을 것 같지 않아? 우리 폼나게 해보자.

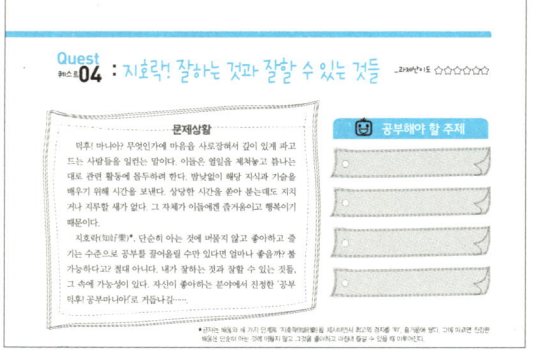

❖공부를 하지 않으면 행복해질까? 그 순간 해방감에 젖어 행복한 듯 착각하게 되지만, 실은 무기력해져서 TV나 스마트폰 등의 자극적인 매체에 의존하게 돼. 자신의 경험을 떠올리면 알 수 있을 거야. 지속되면 우울감이 커질 수밖에 없지.

❖억지로 공부를 해도 우울하고, 공부를 하지 않아도 우울하다면 우린 어떡해야 할까? 그래서 네 번째 퀘스트는 그 해법을 찾아보는 것을 궁극의 목적으로 하고 있어.

❖우리는 생각보다 잘할 수 있는 것들이 많아. 어릴 적에는 두려움 없이 쉽게 도전하곤 했지. '공룡'과 '로봇'에 빠져서 잔뜩 책을 읽고, 애니메이션과 영화를 즐겨 보기도 했어. 그때는 배움의 즐거움을 만끽하며 살 수 있었던 것 같아. 아~ 옛날이여~

❖실망하지마! 배움의 즐거움을 만끽하던 모습으로 다시 돌아갈 수 있어. 공자님의 가르침대로 나의 지호락을 알면 충분히 가능해. '호(好)', 좋아하면 잘할 수 있고, '락(락)', 즐기고 있다면 잘하는 것이니 구분이 어렵지 않겠지? 다른 사람들과 비교하며, 잘하는 것과 잘할 수 있는 것을 찾지 말고, 오로지 나 자신을 들여다보면 좋을 것 같아.

❖마지막 퀘스트는 이 프로젝트학습의 주제인 공부 레시피를 만드는데 목적을 두고 있어. 당연히 앞서 수행한 퀘스트 내용을 바탕으로 결과를 만들어야 하지.

❖막막할 것 같아서 '오늘의 공부레시피' 활동지를 준비했어. 뭐, 이대로 만들어도 괜찮지만, 이왕이면 자기스타일대로 구성하는 것이 더 좋을 것 같아. 나만의 스웨그가 있으니까 도전해 봐.

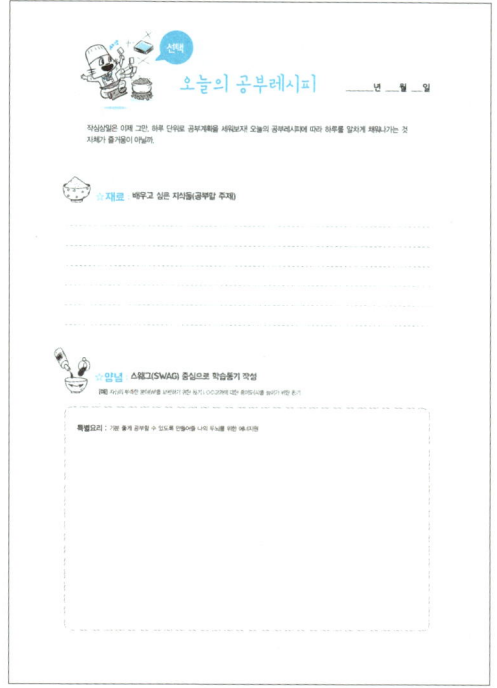

❖재료는 '퀘스트3 자존감 UP! 나를 살리는 공부'와 '퀘스트4 지호락! 잘하는 것과 잘할 수 있는 것들', 양념은 '퀘스트1. 머리가 좋아지는 공부레시피'와 '퀘스트2. 옙~! 공부의 스웨그' 수행한 결과를 토대로 고민하면 좋을 것 같아.

❖도구·환경은 '퀘스트4 지호락! 잘하는 것과 잘할 수 있는 것들'의 수행결과와 연계하는 것이 좋은데, 뭐 그렇지 않더라도 공부에 활용하고 싶은 학습도구들, 예를 들어 각종 소프트웨어, 어플리케이션 등이 해당될 수 있겠지?

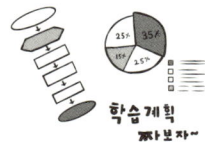

❖조리순서는 학습계획을 짜보는 활동이야. 머릿속 청사진을 옮겨보는 것이지. 주제별 공부의 과정을 생각해보고, 플로우 차트(flow chart)나 인포그래픽(infographics) 등 비주얼하게 표현하면 좋을 것 같아. 관련 사례들은 인터넷 검색을 통해 쉽게 확인할 수 있으니 도전해 보자고.

❖공부레시피대로 셀프 프로젝트학습을 진행해 보자! 나만의 비주얼 노트북을 멋지게 완성해 보는 거야.

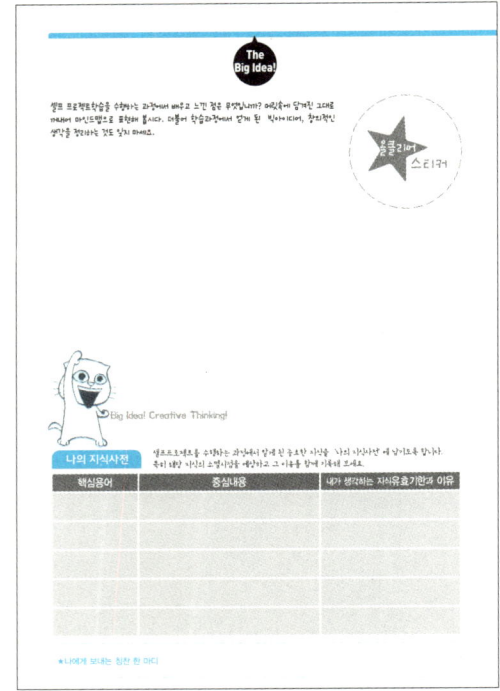

❖프로젝트학습의 전체과정이 끝나면 마지막 활동공간을 만나게 될 거야. 바로 'Big Idea', 깨달음을 기록하는 공간이지. 학습 과정을 되짚어보며 배우고 느낀 점을 자유롭게 표현하고, 더 나아가 빅아이디어, 창의적인 생각들을 담아보는 거야. 마인드맵 형식을 요구하고 있지만, 여기에 구애받을 필요는 없어. 그냥 표현하고 싶은 대로 하면 돼. 형식보다 내용이 중요하니까.

❖나의 지식사전은 '나만의 교과서'에 담은 지식들 중에서 제일 중요하다고 판단되는 5가지를 선정하여 기록하도록 되어 있어. 더불어 미래에 이 지식이 어떻게 활용될지 생각하며 지식유통기한을 표기하는 것 잊지마!

❖칭찬에 인색하면 되겠어? 모든 과정을 끝까지 했다면, 그것 자체만으로 대단한 거야. 그러니 눈치 볼 것 없어. 쿨~내 진동하게 나에게 칭찬 한마디 투척해 보라고.

❖이 책의 뒷면에는 성공적인 프로젝트학습 수행을 기념하는 올클리어 스티커가 제공되고 있어. 부모님 또는 선생님을 통해 받으면 더 기분이 좋아지겠지? 적극적으로 활용해 봐.

❖'Section2. 셀프 프로젝트학습으로 잼공하기'도 같은 방식으로 구성되어 있어. 단지 다른 점은 모든 것을 나 스스로 채워나가야 한다는 것이지. 부디 나만의 주옥같은 보물들이 가득차길 기대할게. 도전해 보는 거야. 아자아자 화이팅!

FREE NOTE

❖이건 뭐냐고? 이것도 설명해 줘야겠지? 난 친절하니까, 말 그대로 내용과 형식을 떠나 자유롭게 표현하는 공간이야. 잘만 활용하면 나만의 스웨그가 제대로 담길 수 있겠지? 뭐, 의미부여를 하자면 그렇다는 거지. 이런저런 고민이 싫다면 그냥 낙서장으로 써. 프리하게 즐기면 되는 공간이야.

하하하!

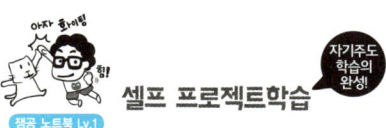

비주얼하게 씽킹하기

IMAGE(그림) VS TEXT(글)
어떤 것이 오래 기억에 남을까?

사실, 우리는 모든 사물을
텍스트가 아닌 이미지로 기억하는데 익숙해.

이미지에 생각을 담기도 하고
이미지를 통해 생각을 꺼내기도 하지.

[거울 앞에 소녀,
피카소 1932년 작품]

그러니 교과서에 적힌 수많은 글들이
기억에 남지 않는 것도 당연해.

토닥토닥~
텍스트를 텍스트 그대로 머릿속에
기억하려니 어렵게 느껴지는 거야.
당연히 재미없을 수밖에……

우리 뇌가 가진
본능에 충실해 볼까?

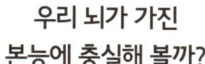

텍스트로 접하는 수많은 지식들을
이미지화시켜 보자고.

익숙하지 않아서 그렇지
어떤 누구나 할 수 있어.
원래 우린 그렇게 태어났으니까 말이야.

지루한 수업시간이면, 머릿속에 떠오르는 대로
낙서하길 즐겨하는 학생이 많지?

수업이 시작되면, 거의 본능적으로 공책에
긁적이는 자기 자신을 발견하곤 할 거야.

물론 '공부'라는 목적을 가진 행위가

낙서와 같은 것일 수는 없을 거야.

하지만 '낙서'라는

우리에게 너무도 익숙한 방식을 활용해

공부한 내용을 그려보는 것이

얼마든지 가능해.

누구든 비주얼하게
씽킹할 수 있지.

막막할 수도 있으니 몇 가지 예를 보여줄게. 참고만 하면 되는 것이니 똑같이 하려고
애쓰진 말고, 낙서에 정해진 방식이 없듯, 그냥 자기만의 방식대로 그리면 될 거야.

_6학년 서민주 학생의 공책 엿보기(2017년 작품)

아래의 예는 개념지도인데, 배운 내용을 핵심개념(용어) 중심으로 정리하는 것이 특징이야.
다양한 표현방식이 존재하지만, 일반적으로 평소 익숙하게 접해왔던
'마인드맵(mind map)'처럼 나타내는 경우가 많더라고.

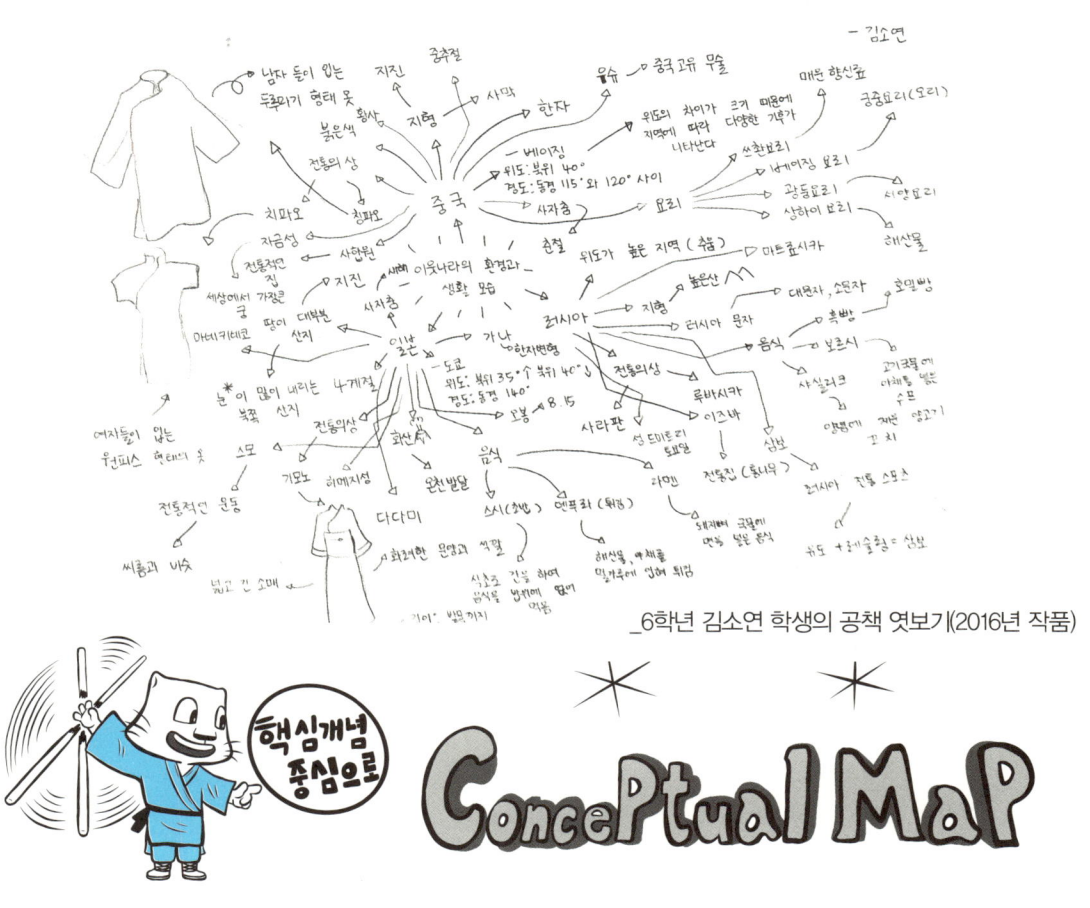

_6학년 김소연 학생의 공책 엿보기(2016년 작품)

핵심개념 중심으로

CONCEPTUAL MAP

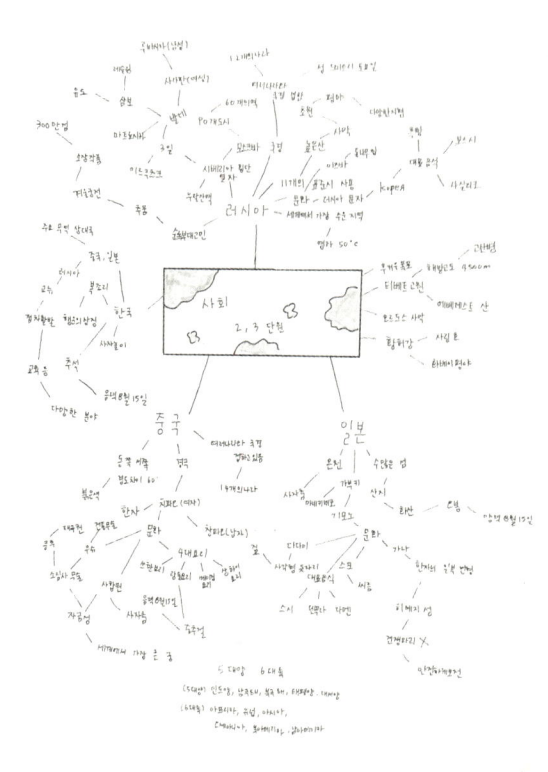

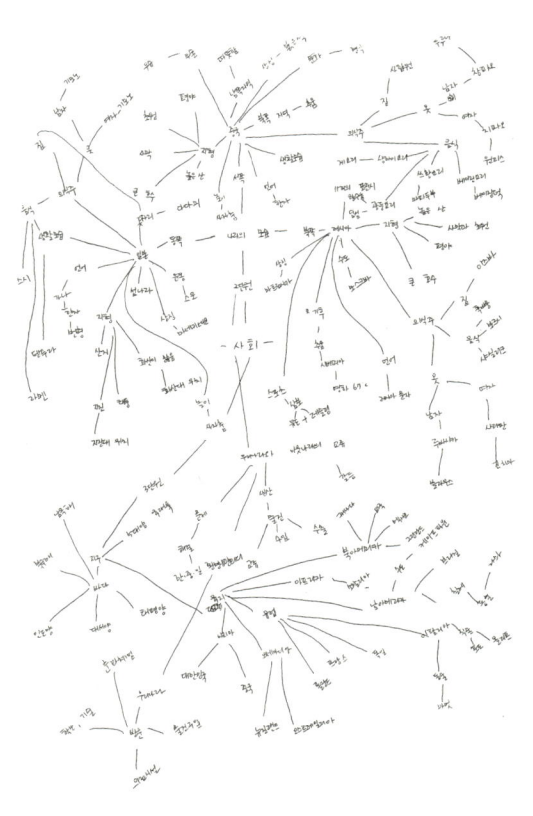

비주얼하게 씽킹하기

배운 내용을 타이포그래피로 표현해 보면
어떨까? 타이포그래피는 글자를 이용한 모든
디자인을 말하는데, 상당히 즐거운
활동이 될 거야.

_6학년 홍승희 학생(2016년 작품)

_6학년 최인서 학생(2016년 작품)

_6학년 김규민 학생(2016년 작품)

Infographics

한 걸음 더 가볼까? '인포그래픽'이라고 들어봤어?
'정보시각화'라고도 하는데, 다양한 표현방법이 있어.
타이포그래피도 정보를 담고 있다면 인포그래픽의
범주 안에서 이해할 수 있어. 이런 측면에서 앞서 제시한
예도 어떻게 보면 인포그래픽 작품이라고도 볼 수 있겠지.

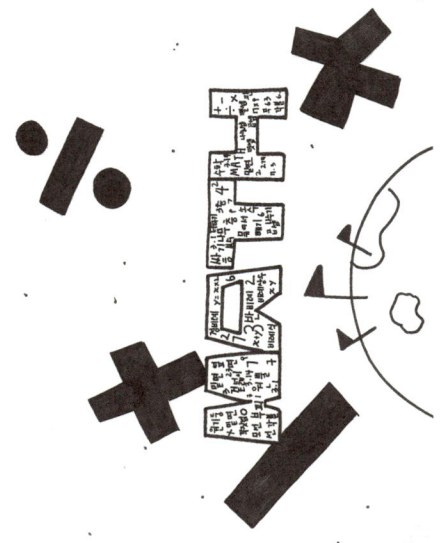

_6학년 조윤빈 학생(2016년 작품)

_6학년 왕세은 학생(2016년 작품)

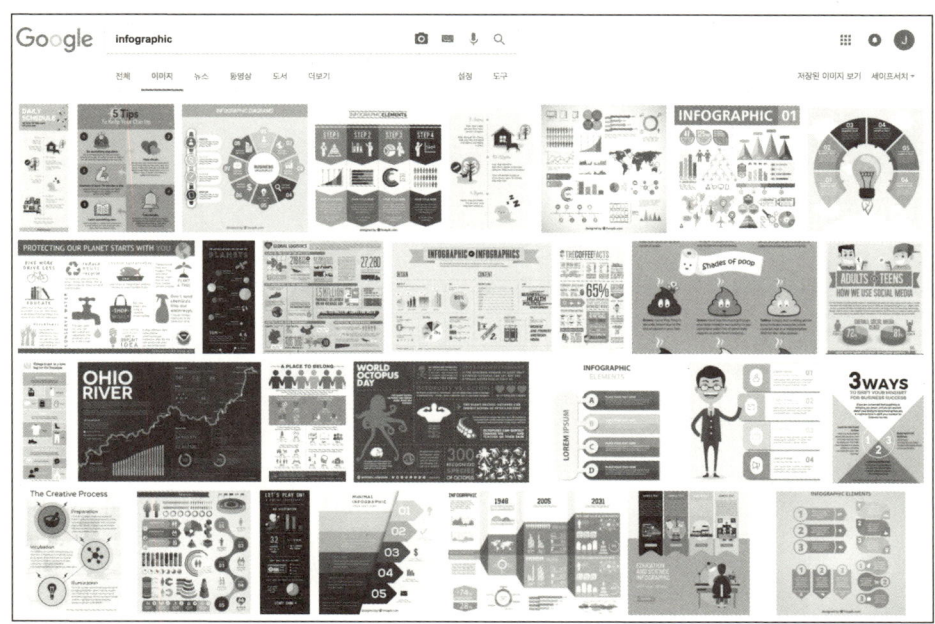

구글(www.google.co.kr)에서 'infographic'으로 검색해보면
세계인들이 즐겨 사용하는 인포그래픽 사례를 쉽게 확인할 수 있어.
많이 보면 볼수록 참신한 아이디어를 잔뜩 얻을 수 있을 거야.

자, 지금부터 나만의 방식으로 비주얼하게 씽킹해볼까?

비주얼노트북, 셀프프로젝트학습에는
공부한 내용을 시각화시킬 수 있는
다채로운 공간이 기본적으로 제공되고 있어.

나만의 특별한 보물들이
이 책 속에 가득 담기길
기대해 볼게.

그림라곰책 01 : 활동제목 :

공부한 내용의 중심용어(단어)들로 지혜나무를 완성해 주세요. 관련성이 높은 용어들을 한 가지에 묶어주는 것이 중요합니다. 팀스런 자신혜가 가득 피도록 자유롭게 꾸며주세요.

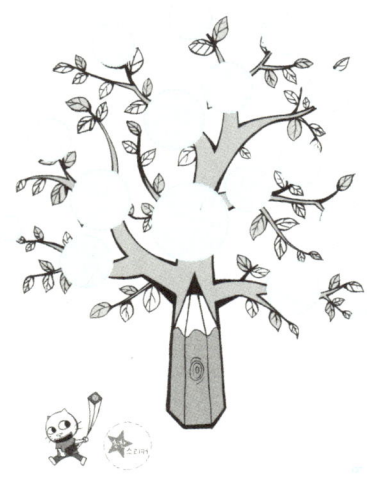

공부한 내용 중에 오랫동안 기억 속에 담아 두고 싶은 지식은 무엇입니까? 여러분들이 엄선한 지식열매를 보물상자에 담아주세요.

Visual Thinking

지혜나무와 지식보물상자에 담긴 내용을 그림으로 나타내어보자. 머릿속에 떠오르는 생각대로 제시된 형태 위에 자신만의 방식으로 표현하면 됩니다.

The Big Idea!

셀프 프로젝트학습을 수행하는 과정에서 배우고 느낀 점은 무엇입니까? 머릿속에 담겨진 그대로 꺼내어 마인드맵으로 표현해 봅시다. 더불어 학습과정에서 얻게 된 빅아이디어, 창의적인 생각을 정리하는 것도 잊지 마세요.

Big Idea! Creative Thinking!

비주얼 씽킹(visual thinking)을 통해 나만의 책을 메이킹(Making)해 보자!

Self-PBL : Lv.1
셀프프로젝트학습 : 1

제목 :

문제의 출발점

셀프 프로젝트학습 주제에 어울리는 문제 상황은 어떤 것일까요? 자신이 시급히 해결해야 할 실제 상황에서부터 여러 장르의 가상이야기에 이르기까지 담아내지 못할 내용은 없습니다. 프로젝트학습의 시작을 알리는 나만의 문제 출발점을 작성해 봅시다.

셀프프로젝트학습 : 1

제목 :

PBL MAP

어떤 과정으로 문제를 해결할 계획인가요? 문제해결을 위해 꼭 필요한 활동들을 선정하고, 활동순서를 정해서 프로젝트학습 지도를 완성해 봅시다. 활동에 어울리는 퀘스트 제목도 멋지게 지으면 좋겠죠? 아울러 각 퀘스트별 실천계획 및 내용도 간략하게 정리해 주세요.

01 QUEST
활동제목 :

실천계획(내용) :

04 QUEST
활동제목 :

실천계획(내용) :

Big Idea

02 QUEST
활동제목 :

실천계획(내용) :

03 QUEST
활동제목 :

실천계획(내용) :

Quest
퀘스트 01 : 활동제목 :

과제난이도 ☆☆☆☆☆

퀘스트에서 수행해야 할 과제(활동)를 앞서 작성한 문제 상황에 맞게 씁니다. 문제출발점과 자연스럽게 연결되도록 작성하는 것이 중요합니다. 자신이 수행할 과제의 난이도와 관련교과 정보도 스스로 판단하여 표기해 보세요.

문제상황

😀 공부해야 할 주제
○
○
○

나의 퀘스트 여정

과제수행(활동) 내용을 공부한 순서에 따라 기록합니다. 특히 과제를 수행하면서 새롭게 알게 된 지식과 더 알고 싶어진 지식을 간략하게 정리하는 것이 핵심입니다. 스스로 혹은 선생님이나 부모님을 통해 각 활동별로 수행한 내용을 되짚어보며 평가도 진행해 보도록 하세요.

월/일[시간]	과제수행(활동) 내용	알게 된 것	더 알고 싶은 것	수행평가
/ [ ]				상
				중
				하
/ [ ]				상
				중
				하
/ [ ]				상
				중
				하

관련교과	국어	사회	도덕	수학	과학	실과			체육	예술		영어	창의적 체험활동	자유학기활동		
						기술	가정	정보		음악	미술			진로 탐색	주제 선택	예술 체육
	○	○	○	○	○	○	○	○	○	○	○	○	○	○	○	○

★ 나만의 잼공포인트
자신의 호기심을 자극하거나 충족시킨 재미있는 내용을 간단하게 메모해 주세요.

나의 지혜나무

배운 내용의 중심용어(단어)들로 지혜나무를 완성해 주세요. 관련성이 높은 용어들을 한 가지에 묶어주는 것이 중요합니다. 탐스런 지식열매가 가득 차도록 자유롭게 꾸며주세요.

지식 보물상자

공부한 내용 중에 오랫동안 기억 속에 담아 두고 싶은 지식은 무엇입니까? 여러분들이 엄선한 지식열매를 보물상자에 담아주세요.

스스로 평가 자기주도학습의 완성!

나의 신 호 등

01	나는 퀘스트 문제 상황을 잘 파악하고 공부할 주제를 도출했다.	① ② ③ ④ ⑤
02	나는 과제수행 내용을 기록하면서 알게 된 것과 알고 싶은 것을 잘 정리했다.	① ② ③ ④ ⑤
03	나는 공부한 내용을 바탕으로 지혜나무를 멋지게 완성했다.	① ② ③ ④ ⑤
04	나는 공부한 내용 중에 오랫동안 기억에 담아 둘 지식열매를 보물상자에 담았다.	① ② ③ ④ ⑤

자신의 학습과정을 되돌아보고 진지하게 평가해주세요.

Level up

오늘의 점수   나의 총점수

Quest
퀘스트 **02** : 　활동제목 :

_과제난이도 ☆☆☆☆☆

퀘스트에서 수행해야 할 과제(활동)를 앞서 작성한 문제 상황에 맞게 씁니다. 문제출발점과 자연스럽게 연결되도록 작성하는 것이 중요합니다. 자신이 수행할 과제의 난이도와 관련교과 정보도 스스로 판단하여 표기해 보세요.

문제상황

😀 공부해야 할 주제

- ○
- ○
- ○

 **나의 퀘스트 여정**

과제수행(활동) 내용을 공부한 순서에 따라 기록합니다. 특히 과제를 수행하면서 새롭게 알게 된 지식과 더 알고 싶어진 지식을 간략하게 정리하는 것이 핵심입니다. 스스로 혹은 선생님이나 부모님을 통해 각 활동별로 수행한 내용을 되짚어보며 평가도 진행해 보도록 하세요.

월/일[시간]	과제수행(활동) 내용	알게 된 것	더 알고 싶은 것	수행 평가
/ [ ]				상 중 하
/ [ ]				상 중 하
/ [ ]				상 중 하

관련교과	국어	사회	도덕	수학	과학	실과			체육	예술		영어	창의적 체험활동	자유학기활동		
						기술	가정	정보		음악	미술			진로 탐색	주제 선택	예술 체육
	○	○	○	○	○	○	○	○	○	○	○	○	○	○	○	○

★ 나만의 잼공포인트
자신의 호기심을 자극하거나 충족시킨 재미있는 내용을 간단하게 메모해 주세요.

나의 지혜나무

배운 내용의 중심용어(단어)들로 지혜나무를 완성해 주세요. 관련성이 높은 용어들을 한 가지에 묶어주는 것이 중요합니다. 탐스런 지식열매가 가득 차도록 자유롭게 꾸며주세요.

칭찬 스티커

 **지식 보물상자** 공부한 내용 중에 오랫동안 기억 속에 담아 두고 싶은 지식은 무엇입니까? 여러분들이 엄선한 지식열매를 보물상자에 담아주세요.

스스로 평가 　자기주도학습의 완성!

나의 (신)(호)(등)

01	나는 퀘스트 문제 상황을 잘 파악하고 공부할 주제를 도출했다.	① ② ③ ④ ⑤
02	나는 과제수행 내용을 기록하면서 알게 된 것과 알고 싶은 것을 잘 정리했다.	① ② ③ ④ ⑤
03	나는 공부한 내용을 바탕으로 지혜나무를 멋지게 완성했다.	① ② ③ ④ ⑤
04	나는 공부한 내용 중에 오랫동안 기억에 담아 둘 지식열매를 보물상자에 담았다.	① ② ③ ④ ⑤

자신의 학습과정을 되돌아보고 진지하게 평가해주세요.

Level up

오늘의 점수　나의 총점수
 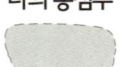

Quest
퀘스트 **03** : 활동제목 :

_과제난이도 ☆☆☆☆☆

퀘스트에서 수행해야 할 과제(활동)를 앞서 작성한 문제 상황에 맞게 씁니다. 문제출발점과 자연스럽게 연결되도록 작성하는 것이 중요합니다. 자신이 수행할 과제의 난이도와 관련교과 정보도 스스로 판단하여 표기해 보세요.

문제상황

😀 공부해야 할 주제

○

○

○

나의 퀘스트 여정

과제수행(활동) 내용을 공부한 순서에 따라 기록합니다. 특히 과제를 수행하면서 새롭게 알게 된 지식과 더 알고 싶어진 지식을 간략하게 정리하는 것이 핵심입니다. 스스로 혹은 선생님이나 부모님을 통해 각 활동별로 수행한 내용을 되짚어보며 평가도 진행해 보도록 하세요.

월/일[시간]	과제수행(활동) 내용	알게 된 것	더 알고 싶은 것	수행 평가
/ [ ]				상
				중
				하
/ [ ]				상
				중
				하
/ [ ]				상
				중
				하

관련교과	국어	사회	도덕	수학	과학	실과			체육	예술		영어	창의적 체험활동	자유학기활동		
						기술	가정	정보		음악	미술			진로 탐색	주제 선택	예술 체육
	○	○	○	○	○	○	○	○	○	○	○	○	○	○	○	○

★ 나만의 잼공포인트
자신의 호기심을 자극하거나 충족시킨 재미있는 내용을 간단하게 메모해 주세요.

나의 지혜나무

배운 내용의 중심용어(단어)들로 지혜나무를 완성해 주세요. 관련성이 높은 용어들을 한 가지에 묶어주는 것이 중요합니다. 탐스런 지식열매가 가득 차도록 자유롭게 꾸며주세요.

 공부한 내용 중에 오랫동안 기억 속에 담아 두고 싶은 지식은 무엇입니까? 여러분들이 엄선한 지식열매를 보물상자에 담아주세요.

나의 신 호 등

01	나는 퀘스트 문제 상황을 잘 파악하고 공부할 주제를 도출했다.	① ② ③ ④ ⑤
02	나는 과제수행 내용을 기록하면서 알게 된 것과 알고 싶은 것을 잘 정리했다.	① ② ③ ④ ⑤
03	나는 공부한 내용을 바탕으로 지혜나무를 멋지게 완성했다.	① ② ③ ④ ⑤
04	나는 공부한 내용 중에 오랫동안 기억에 담아 둘 지식열매를 보물상자에 담았다.	① ② ③ ④ ⑤

자신의 학습과정을 되돌아보고 진지하게 평가해주세요.

 Level up

오늘의 점수　나의 총점수

퀘스트에서 수행해야 할 과제(활동)를 앞서 작성한 문제 상황에 맞게 씁니다. 문제출발점과 자연스럽게 연결되도록 작성하는 것이 중요합니다. 자신이 수행할 과제의 난이도와 관련교과 정보도 스스로 판단하여 표기해 보세요.

문제상황

😃 공부해야 할 주제

과제수행(활동) 내용을 공부한 순서에 따라 기록합니다. 특히 과제를 수행하면서 새롭게 알게 된 지식과 더 알고 싶어진 지식을 간략하게 정리하는 것이 핵심입니다. 스스로 혹은 선생님이나 부모님을 통해 각 활동별로 수행한 내용을 되짚어보며 평가도 진행해 보도록 하세요.

월/일[시간]	과제수행(활동) 내용	알게 된 것	더 알고 싶은 것	수행평가
/ [ ]				상
				중
				하
/ [ ]				상
				중
				하
/ [ ]				상
				중
				하

관련교과	국어	사회	도덕	수학	과학	실과			체육	예술		영어	창의적 체험활동	자유학기활동		
						기술	가정	정보		음악	미술			진로 탐색	주제 선택	예술 체육
	○	○	○	○	○	○	○	○	○	○	○	○	○	○	○	○

★ 나만의 잼공포인트
자신의 호기심을 자극하거나 충족시킨 재미있는 내용을 간단하게 메모해 주세요.

나의 지혜나무

배운 내용의 중심용어(단어)들로 지혜나무를 완성해 주세요. 관련성이 높은 용어들을 한 가지에 묶어주는 것이 중요합니다. 탐스런 지식열매가 가득 차도록 자유롭게 꾸며주세요.

칭찬 스티커

공부한 내용 중에 오랫동안 기억 속에 담아 두고 싶은 지식은 무엇입니까? 여러분들이 엄선한 지식열매를 보물상자에 담아주세요.

스스로 평가 자기주도학습의 완성!

나의 신 호 등

01	나는 퀘스트 문제 상황을 잘 파악하고 공부할 주제를 도출했다.	① ② ③ ④ ⑤
02	나는 과제수행 내용을 기록하면서 알게 된 것과 알고 싶은 것을 잘 정리했다.	① ② ③ ④ ⑤
03	나는 공부한 내용을 바탕으로 지혜나무를 멋지게 완성했다.	① ② ③ ④ ⑤
04	나는 공부한 내용 중에 오랫동안 기억에 담아 둘 지식열매를 보물상자에 담았다.	① ② ③ ④ ⑤

자신의 학습과정을 되돌아보고 진지하게 평가해주세요.

Level up

 오늘의 점수   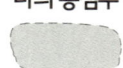 나의 총점수

The Big Idea!

셀프 프로젝트학습을 수행하는 과정에서 배우고 느낀 점은 무엇입니까? 머릿속에 담겨진 그대로 꺼내어 마인드맵으로 표현해 봅시다. 더불어 학습과정에서 얻게 된 빅아이디어, 창의적인 생각을 정리하는 것도 잊지 마세요.

올클리어
스티커

Big Idea! Creative Thinking!

나의 지식사전	

셀프프로젝트를 수행하는 과정에서 알게 된 중요한 지식을 '나의 지식사전'에 남기도록 합니다. 특히 해당 지식의 소멸시점을 예상하고 그 이유를 함께 기록해 보세요.

핵심용어	중심내용	내가 생각하는 지식유효기한과 이유

★나에게 보내는 칭찬 한 마디

FREE NOTE

Self-PBL : Lv.1
셀프프로젝트학습 : 2

제목 :

문제의
출발점

셀프 프로젝트학습 주제에 어울리는 문제 상황은 어떤 것일까요? 자신이 시급히 해결해야 할 실제 상황에서부터 여러 장르의 가상이야기에 이르기까지 담아내지 못할 내용은 없습니다. 프로젝트학습의 시작을 알리는 나만의 문제 출발점을 작성해 봅시다.

▼

셀프프로젝트학습 : 2

제목 :

 PBL MAP

어떤 과정으로 문제를 해결할 계획인가요? 문제해결을 위해 꼭 필요한 활동들을 선정하고, 활동순서를 정해서 프로젝트학습 지도를 완성해 봅시다. 활동에 어울리는 퀘스트 제목도 멋지게 지으면 좋겠죠? 아울러 각 퀘스트별 실천계획 및 내용도 간략하게 정리해 주세요.

01 QUEST
활동제목 :

실천계획(내용) :

04 QUEST
활동제목 :

실천계획(내용) :

Big Idea

02 QUEST
활동제목 :

실천계획(내용) :

03 QUEST
활동제목 :

실천계획(내용) :

Quest
퀘스트 01 : 활동제목 :

_과제난이도 ☆☆☆☆☆

퀘스트에서 수행해야 할 과제(활동)를 앞서 작성한 문제 상황에 맞게 씁니다. 문제출발점과 자연스럽게 연결되도록 작성하는 것이 중요합니다. 자신이 수행할 과제의 난이도와 관련교과 정보도 스스로 판단하여 표기해 보세요.

문제상황

공부해야 할 주제

 과제수행(활동) 내용을 공부한 순서에 따라 기록합니다. 특히 과제를 수행하면서 새롭게 알게 된 지식과 더 알고 싶어진 지식을 간략하게 정리하는 것이 핵심입니다. 스스로 혹은 선생님이나 부모님을 통해 각 활동별로 수행한 내용을 되짚어보며 평가도 진행해 보도록 하세요.

월/일[시간]	과제수행(활동) 내용	알게 된 것	더 알고 싶은 것	수행평가
/ [ ]				상
				중
				하
/ [ ]				상
				중
				하
/ [ ]				상
				중
				하

관련교과	국어	사회	도덕	수학	과학	실과			체육	예술		영어	창의적 체험활동	자유학기활동		
						기술	가정	정보		음악	미술			진로 탐색	주제 선택	예술 체육
	○	○	○	○	○	○	○	○	○	○	○	○	○	○	○	○

★ 나만의 잼공포인트
자신의 호기심을 자극하거나 충족시킨 재미있는 내용을 간단하게 메모해 주세요.

나의 지혜나무

배운 내용의 중심용어(단어)들로 지혜나무를 완성해 주세요. 관련성이 높은 용어들을 한 가지에 묶어주는 것이 중요합니다. 탐스런 지식열매가 가득 차도록 자유롭게 꾸며주세요.

 공부한 내용 중에 오랫동안 기억 속에 담아 두고 싶은 지식은 무엇입니까? 여러분들이 엄선한 지식열매를 보물상자에 담아주세요.

스스로 평가 자기주도학습의 완성!

나의 신 호 등

01	나는 퀘스트 문제 상황을 잘 파악하고 공부할 주제를 도출했다.	① ② ③ ④ ⑤
02	나는 과제수행 내용을 기록하면서 알게 된 것과 알고 싶은 것을 잘 정리했다.	① ② ③ ④ ⑤
03	나는 공부한 내용을 바탕으로 지혜나무를 멋지게 완성했다.	① ② ③ ④ ⑤
04	나는 공부한 내용 중에 오랫동안 기억에 담아 둘 지식열매를 보물상자에 담았다.	① ② ③ ④ ⑤

자신의 학습과정을 되돌아보고 진지하게 평가해주세요.

Level up

오늘의 점수

나의 총점수

Quest
퀘스트02 : 　활동제목 :

_과제난이도 ☆☆☆☆☆

퀘스트에서 수행해야 할 과제(활동)를 앞서 작성한 문제 상황에 맞게 씁니다. 문제출발점과 자연스럽게 연결되도록 작성하는 것이 중요합니다. 자신이 수행할 과제의 난이도와 관련교과 정보도 스스로 판단하여 표기해 보세요.

문제상황

📺 공부해야 할 주제

나의 퀘스트 여정

과제수행(활동) 내용을 공부한 순서에 따라 기록합니다. 특히 과제를 수행하면서 새롭게 알게 된 지식과 더 알고 싶어진 지식을 간략하게 정리하는 것이 핵심입니다. 스스로 혹은 선생님이나 부모님을 통해 각 활동별로 수행한 내용을 되짚어보며 평가도 진행해 보도록 하세요.

월/일[시간]	과제수행(활동) 내용	알게 된 것	더 알고 싶은 것	수행평가
/ [ ]				상
				중
				하
/ [ ]				상
				중
				하
/ [ ]				상
				중
				하

관련교과	국어	사회	도덕	수학	과학	실과			체육	예술		영어	창의적 체험활동	자유학기활동		
						기술	가정	정보		음악	미술			진로 탐색	주제 선택	예술 체육
	○	○	○	○	○	○	○	○	○	○	○	○	○	○	○	○

★ 나만의 잼공포인트
자신의 호기심을 자극하거나 충족시킨 재미있는 내용을 간단하게 메모해 주세요.

나의 지혜나무

배운 내용의 중심용어(단어)들로 지혜나무를 완성해 주세요. 관련성이 높은 용어들을 한 가지에 묶어주는 것이 중요합니다. 탐스런 지식열매가 가득 차도록 자유롭게 꾸며주세요.

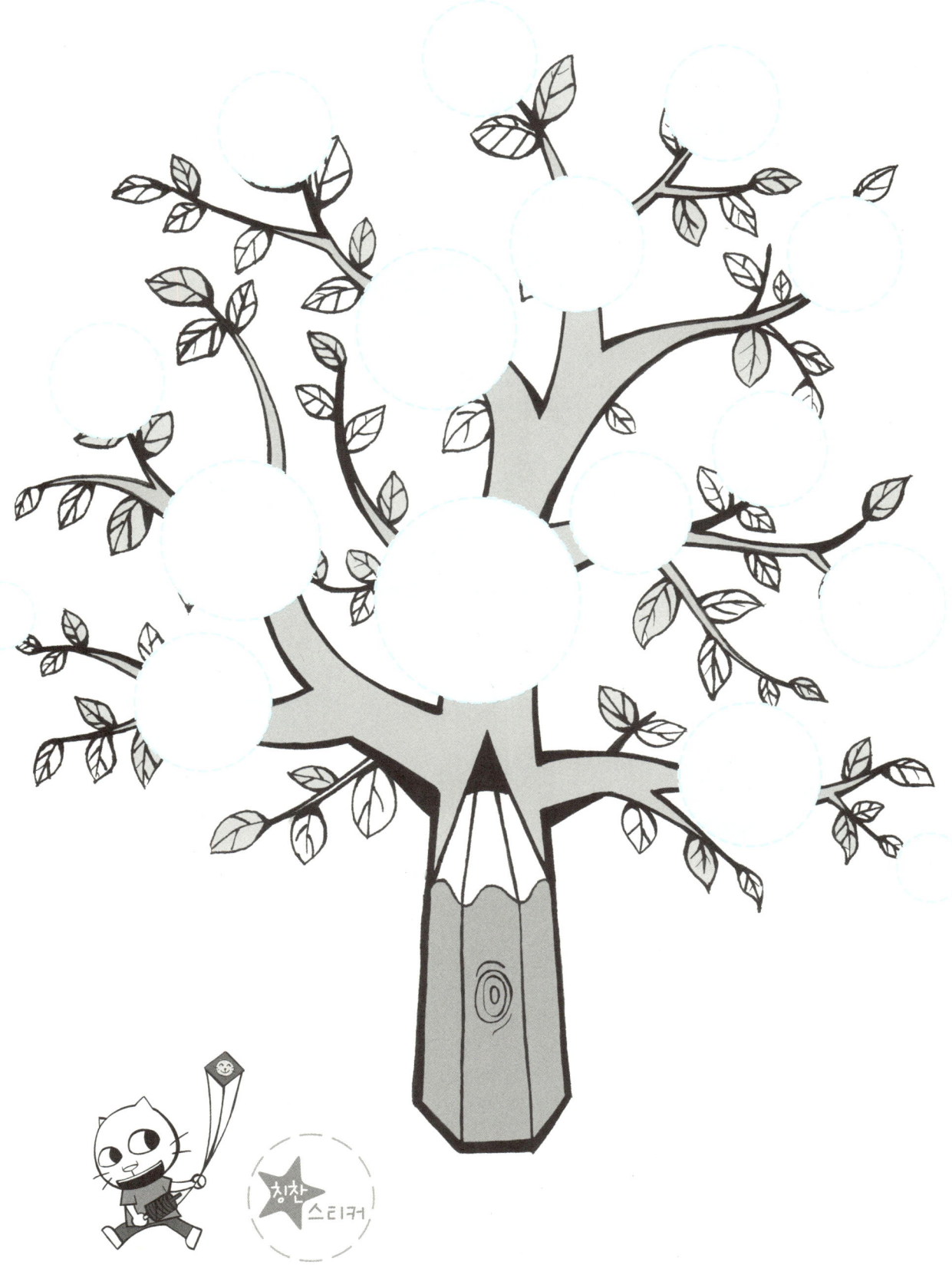

칭찬 스티커

 **지식 보물상자** 공부한 내용 중에 오랫동안 기억 속에 담아 두고 싶은 지식은 무엇입니까? 여러분들이 엄선한 지식열매를 보물상자에 담아주세요.

Quest
퀘스트 03 : 활동제목 :

_과제난이도 ☆☆☆☆☆

퀘스트에서 수행해야 할 과제(활동)를 앞서 작성한 문제 상황에 맞게 씁니다. 문제출발점과 자연스럽게 연결되도록 작성하는 것이 중요합니다. 자신이 수행할 과제의 난이도와 관련교과 정보도 스스로 판단하여 표기해 보세요.

문제상황

🙂 공부해야 할 주제

 과제수행(활동) 내용을 공부한 순서에 따라 기록합니다. 특히 과제를 수행하면서 새롭게 알게 된 지식과 더 알고 싶어진 지식을 간략하게 정리하는 것이 핵심입니다. 스스로 혹은 선생님이나 부모님을 통해 각 활동별로 수행한 내용을 되짚어보며 평가도 진행해 보도록 하세요.

월/일[시간]	과제수행(활동) 내용	알게 된 것	더 알고 싶은 것	수행 평가
/ [ ]				상
				중
				하
/ [ ]				상
				중
				하
/ [ ]				상
				중
				하

관련교과	국어	사회	도덕	수학	과학	실과			체육	예술		영어	창의적 체험활동	자유학기활동		
						기술	가정	정보		음악	미술			진로 탐색	주제 선택	예술 체육
	○	○	○	○	○	○	○	○	○	○	○	○	○	○	○	○

★ 나만의 잼공포인트
자신의 호기심을 자극하거나 충족시킨 재미있는 내용을 간단하게 메모해 주세요.

나의 지혜나무

배운 내용의 중심용어(단어)들로 지혜나무를 완성해 주세요. 관련성이 높은 용어들을 한 가지에 묶어주는 것이 중요합니다. 탐스런 지식열매가 가득 차도록 자유롭게 꾸며주세요.

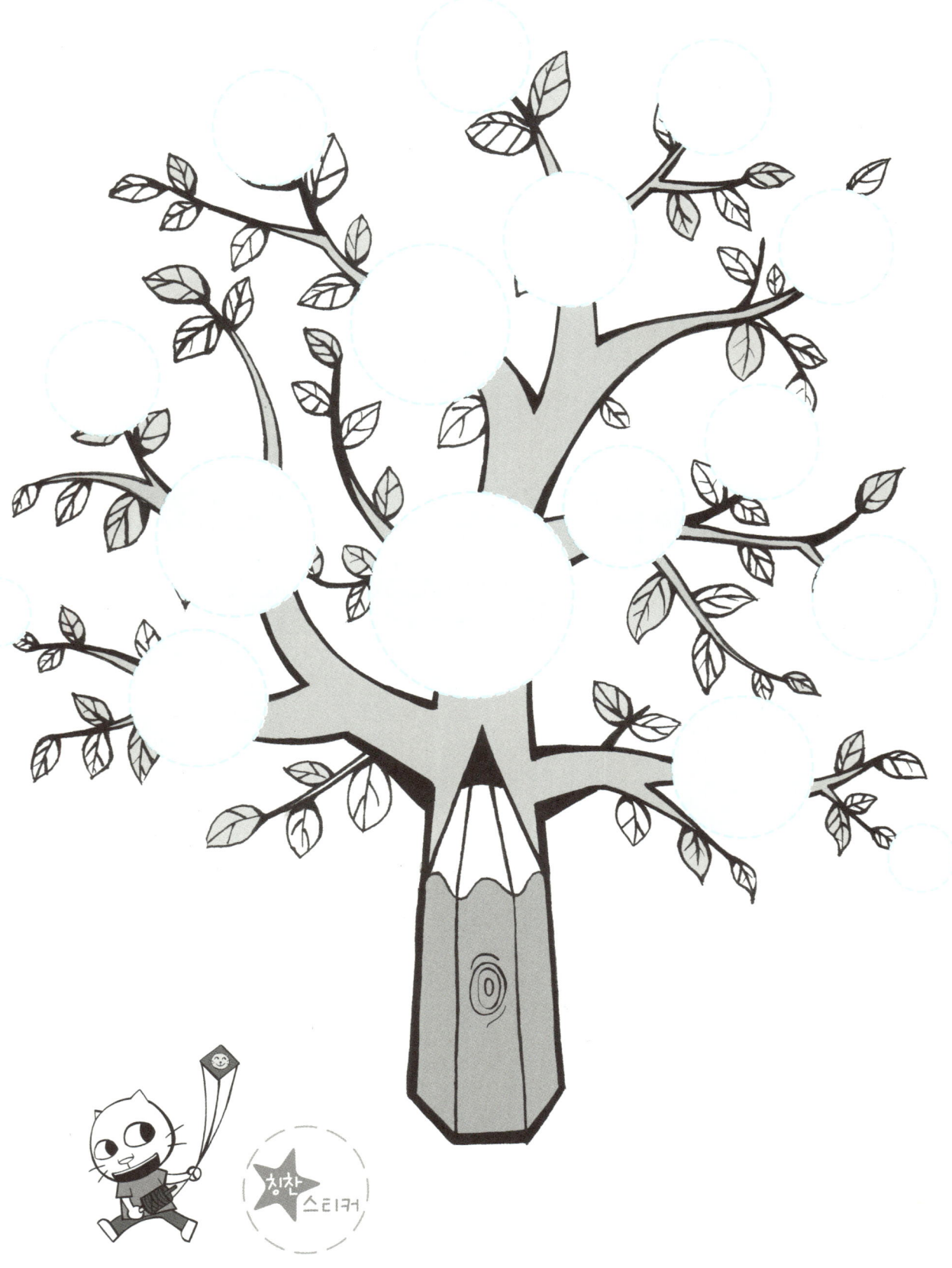

 공부한 내용 중에 오랫동안 기억 속에 담아 두고 싶은 지식은 무엇입니까? 여러분들이 엄선한 지식열매를 보물상자에 담아주세요.

활동제목 :

_과제난이도 ☆☆☆☆☆

퀘스트에서 수행해야 할 과제(활동)를 앞서 작성한 문제 상황에 맞게 씁니다. 문제출발점과 자연스럽게 연결되도록 작성하는 것이 중요합니다. 자신이 수행할 과제의 난이도와 관련교과 정보도 스스로 판단하여 표기해 보세요.

문제상황

📺 **공부해야 할 주제**

○

○

○

 나의 퀘스트 여정

과제수행(활동) 내용을 공부한 순서에 따라 기록합니다. 특히 과제를 수행하면서 새롭게 알게 된 지식과 더 알고 싶어진 지식을 간략하게 정리하는 것이 핵심입니다. 스스로 혹은 선생님이나 부모님을 통해 각 활동별로 수행한 내용을 되짚어보며 평가도 진행해 보도록 하세요.

월/일[시간]	과제수행(활동) 내용	알게 된 것	더 알고 싶은 것	수행 평가
/ [ ]				상
				중
				하
/ [ ]				상
				중
				하
/ [ ]				상
				중
				하

관련교과	국어	사회	도덕	수학	과학	실과			체육	예술		영어	창의적 체험활동	자유학기활동		
						기술	가정	정보		음악	미술			진로 탐색	주제 선택	예술 체육
	○	○	○	○	○	○	○	○	○	○	○	○	○	○	○	○

★ **나만의 잼공포인트**

자신의 호기심을 자극하거나 충족시킨 재미있는 내용을 간단하게 메모해 주세요.

**나의
지혜나무**

배운 내용의 중심용어(단어)들로 지혜나무를 완성해 주세요. 관련성이 높은 용어들을 한 가지에 묶어주는
것이 중요합니다. 탐스런 지식열매가 가득 차도록 자유롭게 꾸며주세요.

칭찬
스티커

 **지식 보물상자** 공부한 내용 중에 오랫동안 기억 속에 담아 두고 싶은 지식은 무엇입니까? 여러분들이 엄선한 지식열매를 보물상자에 담아주세요.

 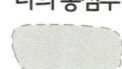

The Big Idea!

셀프 프로젝트학습을 수행하는 과정에서 배우고 느낀 점은 무엇입니까? 머릿속에 담겨진 그대로 꺼내어 마인드맵으로 표현해 봅시다. 더불어 학습과정에서 얻게 된 빅아이디어, 창의적인 생각을 정리하는 것도 잊지 마세요.

올클리어 스티커

Big Idea! Creative Thinking!

나의 지식사전	셀프프로젝트를 수행하는 과정에서 알게 된 중요한 지식을 '나의 지식사전' 에 남기도록 합니다. 특히 해당 지식의 소멸시점을 예상하고 그 이유를 함께 기록해 보세요.

핵심용어	중심내용	내가 생각하는 지식유효기한과 이유

★나에게 보내는 칭찬 한 마디

FREE NOTE

Self-PBL : Lv.1
셀프프로젝트학습 : 3

제목 :

문제의 출발점

셀프 프로젝트학습 주제에 어울리는 문제 상황은 어떤 것일까요? 자신이 시급히 해결해야 할 실제 상황에서부터 여러 장르의 가상이야기에 이르기까지 담아내지 못할 내용은 없습니다. 프로젝트학습의 시작을 알리는 나만의 문제 출발점을 작성해 봅시다.

▼

셀프프로젝트학습 : 3

제목 :

PBL MAP

어떤 과정으로 문제를 해결할 계획인가요? 문제해결을 위해 꼭 필요한 활동들을 선정하고, 활동순서를 정해서 프로젝트학습 지도를 완성해 봅시다. 활동에 어울리는 퀘스트 제목도 멋지게 지으면 좋겠죠? 아울러 각 퀘스트별 실천계획 및 내용도 간략하게 정리해 주세요.

01 QUEST
활동제목 :

실천계획(내용) :

04 QUEST
활동제목 :

실천계획(내용) :

Big Idea

02 QUEST
활동제목 :

실천계획(내용) :

03 QUEST
활동제목 :

실천계획(내용) :

Quest
퀘스트 **01** : **활동제목 :**

_과제난이도 ☆☆☆☆☆

퀘스트에서 수행해야 할 과제(활동)를 앞서 작성한 문제 상황에 맞게 씁니다. 문제출발점과 자연스럽게 연결되도록 작성하는 것이 중요합니다. 자신이 수행할 과제의 난이도와 관련교과 정보도 스스로 판단하여 표기해 보세요.

문제상황

😀 **공부해야 할 주제**

○

○

○

나의 퀘스트 여정

과제수행(활동) 내용을 공부한 순서에 따라 기록합니다. 특히 과제를 수행하면서 새롭게 알게 된 지식과 더 알고 싶어진 지식을 간략하게 정리하는 것이 핵심입니다. 스스로 혹은 선생님이나 부모님을 통해 각 활동별로 수행한 내용을 되짚어보며 평가도 진행해 보도록 하세요.

월/일[시간]	과제수행(활동) 내용	알게 된 것	더 알고 싶은 것	수행평가
/ [ ]				상
				중
				하
/ [ ]				상
				중
				하
/ [ ]				상
				중
				하

관련교과	국어	사회	도덕	수학	과학	실과			체육	예술		영어	창의적 체험활동	자유학기활동		
						기술	가정	정보		음악	미술			진로 탐색	주제 선택	예술 체육
	○	○	○	○	○	○	○	○	○	○	○	○	○	○	○	○

★ **나만의 잼공포인트**

자신의 호기심을 자극하거나 충족시킨 재미있는 내용을 간단하게 메모해 주세요.

나의 지혜나무

배운 내용의 중심용어(단어)들로 지혜나무를 완성해 주세요. 관련성이 높은 용어들을 한 가지에 묶어주는 것이 중요합니다. 탐스런 지식열매가 가득 차도록 자유롭게 꾸며주세요.

지식 보물상자

공부한 내용 중에 오랫동안 기억 속에 담아 두고 싶은 지식은 무엇입니까? 여러분들이 엄선한 지식열매를 보물상자에 담아주세요.

스스로 평가 자기주도학습의 완성!

나의 신 호 등

01	나는 퀘스트 문제 상황을 잘 파악하고 공부할 주제를 도출했다.	1 2 3 4 5
02	나는 과제수행 내용을 기록하면서 알게 된 것과 알고 싶은 것을 잘 정리했다.	1 2 3 4 5
03	나는 공부한 내용을 바탕으로 지혜나무를 멋지게 완성했다.	1 2 3 4 5
04	나는 공부한 내용 중에 오랫동안 기억에 담아 둘 지식열매를 보물상자에 담았다.	1 2 3 4 5

자신의 학습과정을 되돌아보고 진지하게 평가해주세요.

Level UP

오늘의 점수   나의 총점수

활동제목 :

_과제난이도 ☆☆☆☆☆

퀘스트에서 수행해야 할 과제(활동)를 앞서 작성한 문제 상황에 맞게 씁니다. 문제출발점과 자연스럽게 연결되도록 작성하는 것이 중요합니다. 자신이 수행할 과제의 난이도와 관련교과 정보도 스스로 판단하여 표기해 보세요.

------ 문제상황 ------

📺 **공부해야 할 주제**

○

○

○

나의 퀘스트 여정

과제수행(활동) 내용을 공부한 순서에 따라 기록합니다. 특히 과제를 수행하면서 새롭게 알게 된 지식과 더 알고 싶어진 지식을 간략하게 정리하는 것이 핵심입니다. 스스로 혹은 선생님이나 부모님을 통해 각 활동별로 수행한 내용을 되짚어보며 평가도 진행해 보도록 하세요.

월/일[시간]	과제수행(활동) 내용	알게 된 것	더 알고 싶은 것	수행 평가
/ [ ]				상
				중
				하
/ [ ]				상
				중
				하
/ [ ]				상
				중
				하

관련교과	국어	사회	도덕	수학	과학	실과			체육	예술		영어	창의적 체험활동	자유학기활동		
						기술	가정	정보		음악	미술			진로 탐색	주제 선택	예술 체육
	○	○	○	○	○	○	○	○	○	○	○	○	○	○	○	○

★ **나만의 잼공포인트**

자신의 호기심을 자극하거나 충족시킨 재미있는 내용을 간단하게 메모해 주세요.

나의 지혜나무

배운 내용의 중심용어(단어)들로 지혜나무를 완성해 주세요. 관련성이 높은 용어들을 한 가지에 묶어주는 것이 중요합니다. 탐스런 지식열매가 가득 차도록 자유롭게 꾸며주세요.

 **지식 보물상자**

공부한 내용 중에 오랫동안 기억 속에 담아 두고 싶은 지식은 무엇입니까? 여러분들이 엄선한 지식열매를 보물상자에 담아주세요.

스스로 평가 자기주도학습의 완성!

나의 신 호 등

01	나는 퀘스트 문제 상황을 잘 파악하고 공부할 주제를 도출했다.	① ② ③ ④ ⑤
02	나는 과제수행 내용을 기록하면서 알게 된 것과 알고 싶은 것을 잘 정리했다.	① ② ③ ④ ⑤
03	나는 공부한 내용을 바탕으로 지혜나무를 멋지게 완성했다.	① ② ③ ④ ⑤
04	나는 공부한 내용 중에 오랫동안 기억에 담아 둘 지식열매를 보물상자에 담았다.	① ② ③ ④ ⑤

자신의 학습과정을 되돌아보고 진지하게 평가해주세요.

Level up

오늘의 점수

나의 총점수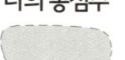

활동제목 :

_과제난이도 ☆☆☆☆☆

퀘스트에서 수행해야 할 과제(활동)를 앞서 작성한 문제 상황에 맞게 씁니다. 문제출발점과 자연스럽게 연결되도록 작성하는 것이 중요합니다. 자신이 수행할 과제의 난이도와 관련교과 정보도 스스로 판단하여 표기해 보세요.

- - 문제상황 - -

😀 공부해야 할 주제

○

○

○

 **나의 퀘스트 여정**

과제수행(활동) 내용을 공부한 순서에 따라 기록합니다. 특히 과제를 수행하면서 새롭게 알게 된 지식과 더 알고 싶어진 지식을 간략하게 정리하는 것이 핵심입니다. 스스로 혹은 선생님이나 부모님을 통해 각 활동별로 수행한 내용을 되짚어보며 평가도 진행해 보도록 하세요.

월/일[시간]	과제수행(활동) 내용	알게 된 것	더 알고 싶은 것	수행 평가
/ [ ]				상
				중
				하
/ [ ]				상
				중
				하
/ [ ]				상
				중
				하

관련교과	국어	사회	도덕	수학	과학	실과			체육	예술		영어	창의적 체험활동	자유학기활동		
						기술	가정	정보		음악	미술			진로 탐색	주제 선택	예술 체육
	○	○	○	○	○	○	○	○	○	○	○	○	○	○	○	○

★ 나만의 잼공포인트
자신의 호기심을 자극하거나 충족시킨 재미있는 내용을 간단하게 메모해 주세요.

나의 지혜나무

배운 내용의 중심용어(단어)들로 지혜나무를 완성해 주세요. 관련성이 높은 용어들을 한 가지에 묶어주는 것이 중요합니다. 탐스런 지식열매가 가득 차도록 자유롭게 꾸며주세요.

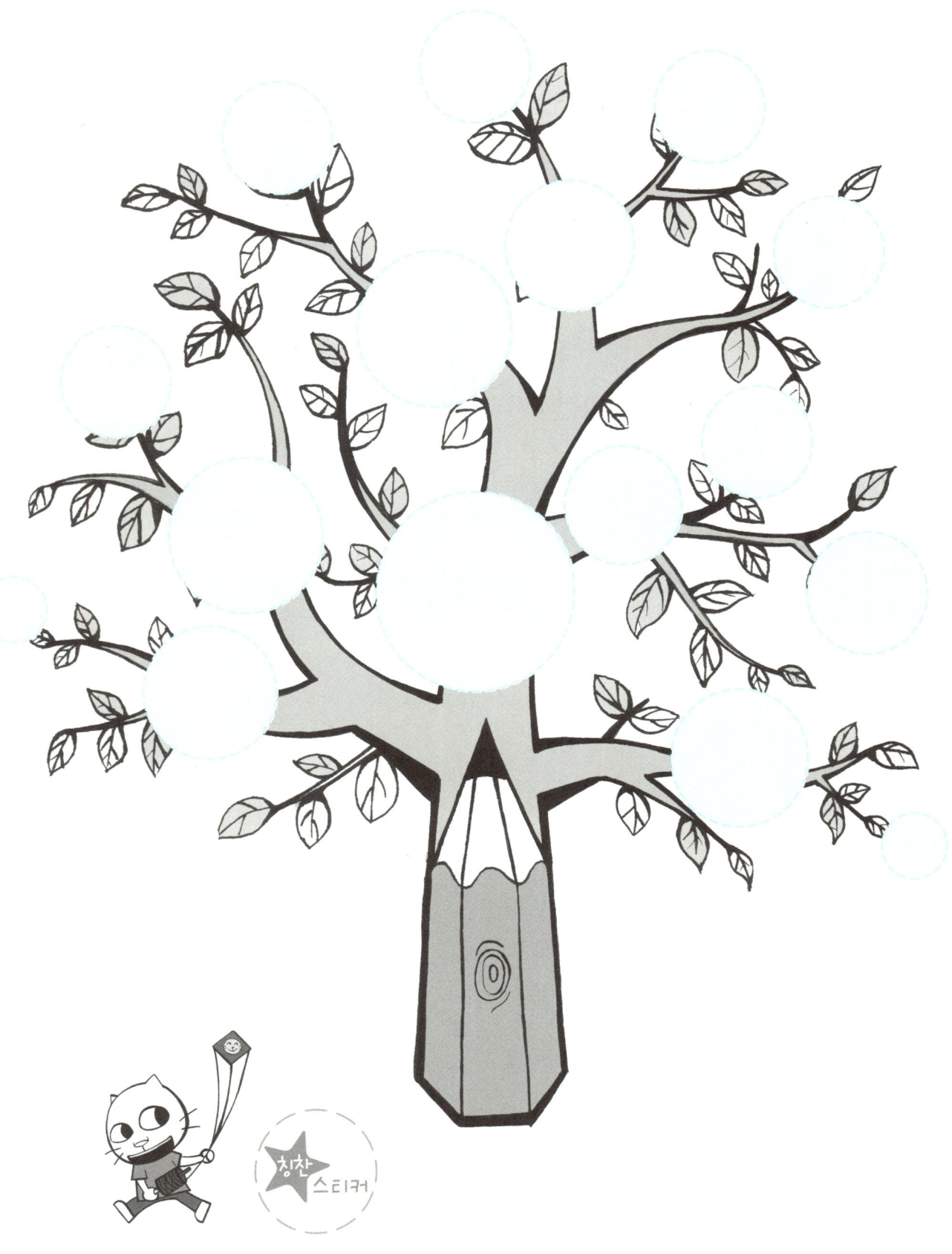

지식 보물상자 공부한 내용 중에 오랫동안 기억 속에 담아 두고 싶은 지식은 무엇입니까? 여러분들이 엄선한 지식열매를 보물상자에 담아주세요.

	스스로 평가 자기주도학습의 완성!	나의 신 호 등
01	나는 퀘스트 문제 상황을 잘 파악하고 공부할 주제를 도출했다.	① ② ③ ④ ⑤
02	나는 과제수행 내용을 기록하면서 알게 된 것과 알고 싶은 것을 잘 정리했다.	① ② ③ ④ ⑤
03	나는 공부한 내용을 바탕으로 지혜나무를 멋지게 완성했다.	① ② ③ ④ ⑤
04	나는 공부한 내용 중에 오랫동안 기억에 담아 둘 지식열매를 보물상자에 담았다.	① ② ③ ④ ⑤

자신의 학습과정을 되돌아보고 진지하게 평가해주세요.

Level up

오늘의 점수   나의 총점수

109

Quest
퀘스트 **04** : 활동제목 :

_과제난이도 ☆☆☆☆☆

퀘스트에서 수행해야 할 과제(활동)를 앞서 작성한 문제 상황에 맞게 씁니다. 문제출발점과 자연스럽게 연결되도록 작성하는 것이 중요합니다. 자신이 수행할 과제의 난이도와 관련교과 정보도 스스로 판단하여 표기해 보세요.

문제상황

📺 공부해야 할 주제
- ○
- ○
- ○

 **나의 퀘스트 여정** 과제수행(활동) 내용을 공부한 순서에 따라 기록합니다. 특히 과제를 수행하면서 새롭게 알게 된 지식과 더 알고 싶어진 지식을 간략하게 정리하는 것이 핵심입니다. 스스로 혹은 선생님이나 부모님을 통해 각 활동별로 수행한 내용을 되짚어보며 평가도 진행해 보도록 하세요.

월/일[시간]	과제수행(활동) 내용	알게 된 것	더 알고 싶은 것	수행 평가
/ [ ]				상
				중
				하
/ [ ]				상
				중
				하
/ [ ]				상
				중
				하

관련교과	국어	사회	도덕	수학	과학	실과			체육	예술		영어	창의적 체험활동	자유학기활동		
						기술	가정	정보		음악	미술			진로 탐색	주제 선택	예술 체육
	○	○	○	○	○	○	○	○	○	○	○	○	○	○	○	○

★ 나만의 잼공포인트
자신의 호기심을 자극하거나 충족시킨 재미있는 내용을 간단하게 메모해 주세요.

나의 지혜나무

배운 내용의 중심용어(단어)들로 지혜나무를 완성해 주세요. 관련성이 높은 용어들을 한 가지에 묶어주는 것이 중요합니다. 탐스런 지식열매가 가득 차도록 자유롭게 꾸며주세요.

칭찬 스티커

지식 보물상자 공부한 내용 중에 오랫동안 기억 속에 담아 두고 싶은 지식은 무엇입니까? 여러분들이 엄선한 지식열매를 보물상자에 담아주세요.

스스로 평가 자기주도학습의 완성!   나의 신 호 등

01	나는 퀘스트 문제 상황을 잘 파악하고 공부할 주제를 도출했다.	① ② ③ ④ ⑤
02	나는 과제수행 내용을 기록하면서 알게 된 것과 알고 싶은 것을 잘 정리했다.	① ② ③ ④ ⑤
03	나는 공부한 내용을 바탕으로 지혜나무를 멋지게 완성했다.	① ② ③ ④ ⑤
04	나는 공부한 내용 중에 오랫동안 기억에 담아 둘 지식열매를 보물상자에 담았다.	① ② ③ ④ ⑤

자신의 학습과정을 되돌아보고 진지하게 평가해주세요.

Level up

오늘의 점수   나의 총점수

   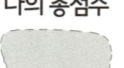

The Big Idea!

셀프 프로젝트학습을 수행하는 과정에서 배우고 느낀 점은 무엇입니까? 머릿속에 담겨진 그대로 꺼내어 마인드맵으로 표현해 봅시다. 더불어 학습과정에서 얻게 된 빅아이디어, 창의적인 생각을 정리하는 것도 잊지 마세요.

올클리어 스티커

Big Idea! Creative Thinking!

나의 지식사전

셀프프로젝트를 수행하는 과정에서 알게 된 중요한 지식을 '나의 지식사전'에 남기도록 합니다. 특히 해당 지식의 소멸시점을 예상하고 그 이유를 함께 기록해 보세요.

핵심용어	중심내용	내가 생각하는 지식유효기한과 이유

★나에게 보내는 칭찬 한 마디

FREE NOTE

Self-PBL : Lv.1
셀프프로젝트학습 : 4

제목 :

문제의
출발점

셀프 프로젝트학습 주제에 어울리는 문제 상황은 어떤 것일까요? 자신이 시급히 해결해야 할 실제 상황에서부터 여러 장르의 가상이야기에 이르기까지 담아내지 못할 내용은 없습니다. 프로젝트학습의 시작을 알리는 나만의 문제 출발점을 작성해 봅시다.

▼

제목 :

PBL MAP

어떤 과정으로 문제를 해결할 계획인가요? 문제해결을 위해 꼭 필요한 활동들을 선정하고, 활동순서를 정해서 프로젝트학습 지도를 완성해 봅시다. 활동에 어울리는 퀘스트 제목도 멋지게 지으면 좋겠죠? 아울러 각 퀘스트별 실천계획 및 내용도 간략하게 정리해 주세요.

01 QUEST
활동제목 :

실천계획(내용) :

04 QUEST
활동제목 :

실천계획(내용) :

Big Idea

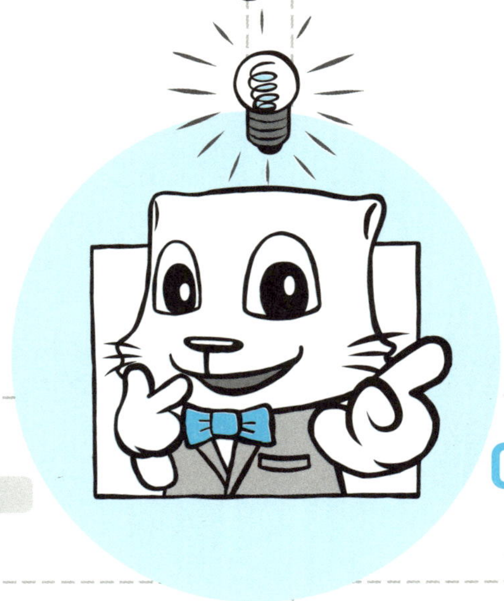

02 QUEST
활동제목 :

실천계획(내용) :

03 QUEST
활동제목 :

실천계획(내용) :

활동제목 :

_과제난이도 ☆☆☆☆☆

퀘스트에서 수행해야 할 과제(활동)를 앞서 작성한 문제 상황에 맞게 씁니다. 문제출발점과 자연스럽게 연결되도록 작성하는 것이 중요합니다. 자신이 수행할 과제의 난이도와 관련교과 정보도 스스로 판단하여 표기해 보세요.

문제상황

😀 공부해야 할 주제

 과제수행(활동) 내용을 공부한 순서에 따라 기록합니다. 특히 과제를 수행하면서 새롭게 알게 된 지식과 더 알고 싶어진 지식을 간략하게 정리하는 것이 핵심입니다. 스스로 혹은 선생님이나 부모님을 통해 각 활동별로 수행한 내용을 되짚어보며 평가도 진행해 보도록 하세요.

월/일[시간]	과제수행(활동) 내용	알게 된 것	더 알고 싶은 것	수행평가
/ [ ]				상
				중
				하
/ [ ]				상
				중
				하
/ [ ]				상
				중
				하

관련교과	국어	사회	도덕	수학	과학	실과			체육	예술		영어	창의적 체험활동	자유학기활동		
						기술	가정	정보		음악	미술			진로 탐색	주제 선택	예술 체육
	○	○	○	○	○	○	○	○	○	○	○	○	○	○	○	○

★ **나만의 잼공포인트**
자신의 호기심을 자극하거나 충족시킨 재미있는 내용을 간단하게 메모해 주세요.

나의 지혜나무

배운 내용의 중심용어(단어)들로 지혜나무를 완성해 주세요. 관련성이 높은 용어들을 한 가지에 묶어주는 것이 중요합니다. 탐스런 지식열매가 가득 차도록 자유롭게 꾸며주세요.

지식 보물상자 공부한 내용 중에 오랫동안 기억 속에 담아 두고 싶은 지식은 무엇입니까? 여러분들이 엄선한 지식열매를 보물상자에 담아주세요.

자신의 학습과정을 되돌아보고 진지하게 평가해주세요.

오늘의 점수   나의 총점수

Quest
퀘스트 **02** : 　활동제목 :

_과제난이도 ☆☆☆☆☆

퀘스트에서 수행해야 할 과제(활동)를 앞서 작성한 문제 상황에 맞게 씁니다. 문제출발점과 자연스럽게 연결되도록 작성하는 것이 중요합니다. 자신이 수행할 과제의 난이도와 관련교과 정보도 스스로 판단하여 표기해 보세요.

문제상황

😊 공부해야 할 주제

나의 퀘스트 여정

과제수행(활동) 내용을 공부한 순서에 따라 기록합니다. 특히 과제를 수행하면서 새롭게 알게 된 지식과 더 알고 싶어진 지식을 간략하게 정리하는 것이 핵심입니다. 스스로 혹은 선생님이나 부모님을 통해 각 활동별로 수행한 내용을 되짚어보며 평가도 진행해 보도록 하세요.

월/일[시간]	과제수행(활동) 내용	알게 된 것	더 알고 싶은 것	수행 평가
/ [　]				상
				중
				하
/ [　]				상
				중
				하
/ [　]				상
				중
				하

관련교과	국어	사회	도덕	수학	과학	실과			체육	예술		영어	창의적 체험활동	자유학기활동		
						기술	가정	정보		음악	미술			진로 탐색	주제 선택	예술 체육
	○	○	○	○	○	○	○	○	○	○	○	○	○	○	○	○

★ 나만의 잼공포인트
자신의 호기심을 자극하거나 충족시킨 재미있는 내용을 간단하게 메모해 주세요.

나의 지혜나무

배운 내용의 중심용어(단어)들로 지혜나무를 완성해 주세요. 관련성이 높은 용어들을 한 가지에 묶어주는 것이 중요합니다. 탐스런 지식열매가 가득 차도록 자유롭게 꾸며주세요.

 공부한 내용 중에 오랫동안 기억 속에 담아 두고 싶은 지식은 무엇입니까? 여러분들이 엄선한 지식열매를 보물상자에 담아주세요.

01	나는 퀘스트 문제 상황을 잘 파악하고 공부할 주제를 도출했다.	① ② ③ ④ ⑤
02	나는 과제수행 내용을 기록하면서 알게 된 것과 알고 싶은 것을 잘 정리했다.	① ② ③ ④ ⑤
03	나는 공부한 내용을 바탕으로 지혜나무를 멋지게 완성했다.	① ② ③ ④ ⑤
04	나는 공부한 내용 중에 오랫동안 기억에 담아 둘 지식열매를 보물상자에 담았다.	① ② ③ ④ ⑤

자신의 학습과정을 되돌아보고 진지하게 평가해주세요.

Level up

오늘의 점수   나의 총점수

활동제목 :

_과제난이도 ☆☆☆☆☆

퀘스트에서 수행해야 할 과제(활동)를 앞서 작성한 문제 상황에 맞게 씁니다. 문제출발점과 자연스럽게 연결되도록 작성하는 것이 중요합니다. 자신이 수행할 과제의 난이도와 관련교과 정보도 스스로 판단하여 표기해 보세요.

문제상황

😀 공부해야 할 주제

나의 퀘스트 여정

과제수행(활동) 내용을 공부한 순서에 따라 기록합니다. 특히 과제를 수행하면서 새롭게 알게 된 지식과 더 알고 싶어진 지식을 간략하게 정리하는 것이 핵심입니다. 스스로 혹은 선생님이나 부모님을 통해 각 활동별로 수행한 내용을 되짚어보며 평가도 진행해 보도록 하세요.

월/일[시간]	과제수행(활동) 내용	알게 된 것	더 알고 싶은 것	수행 평가
/ [ ]				상
				중
				하
/ [ ]				상
				중
				하
/ [ ]				상
				중
				하

관련교과	국어	사회	도덕	수학	과학	실과			체육	예술		영어	창의적 체험활동	자유학기활동		
						기술	가정	정보		음악	미술			진로 탐색	주제 선택	예술 체육
	○	○	○	○	○	○	○	○	○	○	○	○	○	○	○	○

★ 나만의 잼공포인트

자신의 호기심을 자극하거나 충족시킨 재미있는 내용을 간단하게 메모해 주세요.

나의 지혜나무

배운 내용의 중심용어(단어)들로 지혜나무를 완성해 주세요. 관련성이 높은 용어들을 한 가지에 묶어주는 것이 중요합니다. 탐스런 지식열매가 가득 차도록 자유롭게 꾸며주세요.

 공부한 내용 중에 오랫동안 기억 속에 담아 두고 싶은 지식은 무엇입니까? 여러분들이 엄선한 지식열매를
보물상자에 담아주세요.

Quest 퀘스트 04 : 활동제목 :

_과제난이도 ☆☆☆☆☆

퀘스트에서 수행해야 할 과제(활동)를 앞서 작성한 문제 상황에 맞게 씁니다. 문제출발점과 자연스럽게 연결되도록 작성하는 것이 중요합니다. 자신이 수행할 과제의 난이도와 관련교과 정보도 스스로 판단하여 표기해 보세요.

문제상황

😊 공부해야 할 주제

○

○

○

과제수행(활동) 내용을 공부한 순서에 따라 기록합니다. 특히 과제를 수행하면서 새롭게 알게 된 지식과 더 알고 싶어진 지식을 간략하게 정리하는 것이 핵심입니다. 스스로 혹은 선생님이나 부모님을 통해 각 활동별로 수행한 내용을 되짚어보며 평가도 진행해 보도록 하세요.

월/일[시간]	과제수행(활동) 내용	알게 된 것	더 알고 싶은 것	수행평가
/ [ ]				상
				중
				하
/ [ ]				상
				중
				하
/ [ ]				상
				중
				하

관련교과	국어	사회	도덕	수학	과학	실과			체육	예술		영어	창의적 체험활동	자유학기활동		
						기술	가정	정보		음악	미술			진로 탐색	주제 선택	예술 체육
	○	○	○	○	○	○	○	○	○	○	○	○	○	○	○	○

★ 나만의 잼공포인트
자신의 호기심을 자극하거나 충족시킨 재미있는 내용을 간단하게 메모해 주세요.

나의 지혜나무

배운 내용의 중심용어(단어)들로 지혜나무를 완성해 주세요. 관련성이 높은 용어들을 한 가지에 묶어주는 것이 중요합니다. 탐스런 지식열매가 가득 차도록 자유롭게 꾸며주세요.

공부한 내용 중에 오랫동안 기억 속에 담아 두고 싶은 지식은 무엇입니까? 여러분들이 엄선한 지식열매를 보물상자에 담아주세요.

스스로 평가   자기주도학습의 완성!   나의 신 호 등

01	나는 퀘스트 문제 상황을 잘 파악하고 공부할 주제를 도출했다.	① ② ③ ④ ⑤
02	나는 과제수행 내용을 기록하면서 알게 된 것과 알고 싶은 것을 잘 정리했다.	① ② ③ ④ ⑤
03	나는 공부한 내용을 바탕으로 지혜나무를 멋지게 완성했다.	① ② ③ ④ ⑤
04	나는 공부한 내용 중에 오랫동안 기억에 담아 둘 지식열매를 보물상자에 담았다.	① ② ③ ④ ⑤

자신의 학습과정을 되돌아보고 진지하게 평가해주세요.

Level
up

오늘의 점수   나의 총점수

The Big Idea!

셀프 프로젝트학습을 수행하는 과정에서 배우고 느낀 점은 무엇입니까? 머릿속에 담겨진 그대로 꺼내어 마인드맵으로 표현해 봅시다. 더불어 학습과정에서 얻게 된 빅아이디어, 창의적인 생각을 정리하는 것도 잊지 마세요.

올클리어 스티커

Big Idea! Creative Thinking!

| 나의 지식사전 | 셀프프로젝트를 수행하는 과정에서 알게 된 중요한 지식을 '나의 지식사전'에 남기도록 합니다. 특히 해당 지식의 소멸시점을 예상하고 그 이유를 함께 기록해 보세요. | |

핵심용어	중심내용	내가 생각하는 지식유효기한과 이유

★나에게 보내는 칭찬 한 마디

FREE NOTE

Self-PBL : Lv.1
셀프프로젝트학습 : 5

제목 :

문제의
출발점

셀프 프로젝트학습 주제에 어울리는 문제 상황은 어떤 것일까요? 자신이 시급히 해결해야 할 실제 상황에서부터 여러 장르의 가상이야기에 이르기까지 담아내지 못할 내용은 없습니다. 프로젝트학습의 시작을 알리는 나만의 문제 출발점을 작성해 봅시다.

▼ --

-- ▲

셀프프로젝트학습 : 5

제목 :

 **PBL MAP**

어떤 과정으로 문제를 해결할 계획인가요? 문제해결을 위해 꼭 필요한 활동들을 선정하고, 활동순서를 정해서 프로젝트학습 지도를 완성해 봅시다. 활동에 어울리는 퀘스트 제목도 멋지게 지으면 좋겠죠? 아울러 각 퀘스트별 실천계획 및 내용도 간략하게 정리해 주세요.

01 QUEST
활동제목 :
실천계획(내용) :

04 QUEST
활동제목 :
실천계획(내용) :

Big Idea

02 QUEST
활동제목 :
실천계획(내용) :

03 QUEST
활동제목 :
실천계획(내용) :

Quest
퀘스트 01 : 활동제목 :

과제난이도 ☆☆☆☆☆

퀘스트에서 수행해야 할 과제(활동)를 앞서 작성한 문제 상황에 맞게 씁니다. 문제출발점과 자연스럽게 연결되도록 작성하는 것이 중요합니다. 자신이 수행할 과제의 난이도와 관련교과 정보도 스스로 판단하여 표기해 보세요.

문제상황

😊 공부해야 할 주제

○

○

○

 과제수행(활동) 내용을 공부한 순서에 따라 기록합니다. 특히 과제를 수행하면서 새롭게 알게 된 지식과 더 알고 싶어진 지식을 간략하게 정리하는 것이 핵심입니다. 스스로 혹은 선생님이나 부모님을 통해 각 활동별로 수행한 내용을 되짚어보며 평가도 진행해 보도록 하세요.

월/일[시간]	과제수행(활동) 내용	알게 된 것	더 알고 싶은 것	수행평가
/ [ ]				상
				중
				하
/ [ ]				상
				중
				하
/ [ ]				상
				중
				하

관련교과	국어	사회	도덕	수학	과학	실과			체육	예술		영어	창의적 체험활동	자유학기활동		
						기술	가정	정보		음악	미술			진로 탐색	주제 선택	예술 체육
	○	○	○	○	○	○	○	○	○	○	○	○	○	○	○	○

★ 나만의 잼공포인트
자신의 호기심을 자극하거나 충족시킨 재미있는 내용을 간단하게 메모해 주세요.

나의 지혜나무

배운 내용의 중심용어(단어)들로 지혜나무를 완성해 주세요. 관련성이 높은 용어들을 한 가지에 묶어주는 것이 중요합니다. 탐스런 지식열매가 가득 차도록 자유롭게 꾸며주세요.

지식 보물상자 공부한 내용 중에 오랫동안 기억 속에 담아 두고 싶은 지식은 무엇입니까? 여러분들이 엄선한 지식열매를 보물상자에 담아주세요.

	스스로 평가 자기주도학습의 완성!		나의 ⓝ ⓗ ⓔ
01	나는 퀘스트 문제 상황을 잘 파악하고 공부할 주제를 도출했다.		① ② ③ ④ ⑤
02	나는 과제수행 내용을 기록하면서 알게 된 것과 알고 싶은 것을 잘 정리했다.		① ② ③ ④ ⑤
03	나는 공부한 내용을 바탕으로 지혜나무를 멋지게 완성했다.		① ② ③ ④ ⑤
04	나는 공부한 내용 중에 오랫동안 기억에 담아 둘 지식열매를 보물상자에 담았다.		① ② ③ ④ ⑤

자신의 학습과정을 되돌아보고 진지하게 평가해주세요.

Level up

오늘의 점수   나의 총점수

Quest
퀘스트**02** : **활동제목 :**

_과제난이도 ☆☆☆☆☆

퀘스트에서 수행해야 할 과제(활동)를 앞서 작성한 문제 상황에 맞게 씁니다. 문제출발점과 자연스럽게 연결되도록 작성하는 것이 중요합니다. 자신이 수행할 과제의 난이도와 관련교과 정보도 스스로 판단하여 표기해 보세요.

문제상황

😊 **공부해야 할 주제**

나의 퀘스트 여정

과제수행(활동) 내용을 공부한 순서에 따라 기록합니다. 특히 과제를 수행하면서 새롭게 알게 된 지식과 더 알고 싶어진 지식을 간략하게 정리하는 것이 핵심입니다. 스스로 혹은 선생님이나 부모님을 통해 각 활동별로 수행한 내용을 되짚어보며 평가도 진행해 보도록 하세요.

월/일[시간]	과제수행(활동) 내용	알게 된 것	더 알고 싶은 것	수행 평가
/ [ ]				상
				중
				하
/ [ ]				상
				중
				하
/ [ ]				상
				중
				하

관련교과	국어	사회	도덕	수학	과학	실과			체육	예술		영어	창의적 체험활동	자유학기활동		
						기술	가정	정보		음악	미술			진로 탐색	주제 선택	예술 체육
	○	○	○	○	○	○	○	○	○	○	○	○	○	○	○	○

★ **나만의 잼공포인트**
자신의 호기심을 자극하거나 충족시킨 재미있는 내용을 간단하게 메모해 주세요.

나의 지혜나무

배운 내용의 중심용어(단어)들로 지혜나무를 완성해 주세요. 관련성이 높은 용어들을 한 가지에 묶어주는 것이 중요합니다. 탐스런 지식열매가 가득 차도록 자유롭게 꾸며주세요.

칭찬 스티커

 공부한 내용 중에 오랫동안 기억 속에 담아 두고 싶은 지식은 무엇입니까? 여러분들이 엄선한 지식열매를 보물상자에 담아주세요.

나의 신 호 등

01	나는 퀘스트 문제 상황을 잘 파악하고 공부할 주제를 도출했다.	① ② ③ ④ ⑤
02	나는 과제수행 내용을 기록하면서 알게 된 것과 알고 싶은 것을 잘 정리했다.	① ② ③ ④ ⑤
03	나는 공부한 내용을 바탕으로 지혜나무를 멋지게 완성했다.	① ② ③ ④ ⑤
04	나는 공부한 내용 중에 오랫동안 기억에 담아 둘 지식열매를 보물상자에 담았다.	① ② ③ ④ ⑤

자신의 학습과정을 되돌아보고 진지하게 평가해주세요.

 Level up

오늘의 점수   나의 총점수

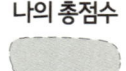

활동제목 :

_과제난이도 ☆☆☆☆☆

퀘스트에서 수행해야 할 과제(활동)를 앞서 작성한 문제 상황에 맞게 씁니다. 문제출발점과 자연스럽게 연결되도록 작성하는 것이 중요합니다. 자신이 수행할 과제의 난이도와 관련교과 정보도 스스로 판단하여 표기해 보세요.

문제상황

😀 **공부해야 할 주제**

○

○

○

나의 퀘스트 여정

과제수행(활동) 내용을 공부한 순서에 따라 기록합니다. 특히 과제를 수행하면서 새롭게 알게 된 지식과 더 알고 싶어진 지식을 간략하게 정리하는 것이 핵심입니다. 스스로 혹은 선생님이나 부모님을 통해 각 활동별로 수행한 내용을 되짚어보며 평가도 진행해 보도록 하세요.

월/일[시간]	과제수행(활동) 내용	알게 된 것	더 알고 싶은 것	수행 평가
/ [ ]				상
				중
				하
/ [ ]				상
				중
				하
/ [ ]				상
				중
				하

관련교과	국어	사회	도덕	수학	과학	실과			체육	예술		영어	창의적 체험활동	자유학기활동		
						기술	가정	정보		음악	미술			진로 탐색	주제 선택	예술 체육
	○	○	○	○	○	○	○	○	○	○	○	○	○	○	○	○

★ **나만의 잼공포인트**

자신의 호기심을 자극하거나 충족시킨 재미있는 내용을 간단하게 메모해 주세요.

나의
지혜나무

배운 내용의 중심용어(단어)들로 지혜나무를 완성해 주세요. 관련성이 높은 용어들을 한 가지에 묶어주는 것이 중요합니다. 탐스런 지식열매가 가득 차도록 자유롭게 꾸며주세요.

 공부한 내용 중에 오랫동안 기억 속에 담아 두고 싶은 지식은 무엇입니까? 여러분들이 엄선한 지식열매를 보물상자에 담아주세요.

 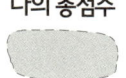

Quest
퀘스트 04 : 활동제목 :

_과제난이도 ☆☆☆☆☆

퀘스트에서 수행해야 할 과제(활동)를 앞서 작성한 문제 상황에 맞게 씁니다. 문제출발점과 자연스럽게 연결되도록 작성하는 것이 중요합니다. 자신이 수행할 과제의 난이도와 관련교과 정보도 스스로 판단하여 표기해 보세요.

문제상황

😊 공부해야 할 주제

나의
퀘스트
여정

과제수행(활동) 내용을 공부한 순서에 따라 기록합니다. 특히 과제를 수행하면서 새롭게 알게 된 지식과 더 알고 싶어진 지식을 간략하게 정리하는 것이 핵심입니다. 스스로 혹은 선생님이나 부모님을 통해 각 활동별로 수행한 내용을 되짚어보며 평가도 진행해 보도록 하세요.

월/일[시간]	과제수행(활동) 내용	알게 된 것	더 알고 싶은 것	수행평가
/ [ ]				상
				중
				하
/ [ ]				상
				중
				하
/ [ ]				상
				중
				하

관련교과	국어	사회	도덕	수학	과학	실과			체육	예술		영어	창의적 체험활동	자유학기활동		
						기술	가정	정보		음악	미술			진로탐색	주제선택	예술체육
	○	○	○	○	○	○	○	○	○	○	○	○	○	○	○	○

★ 나만의 잼공포인트
자신의 호기심을 자극하거나 충족시킨 재미있는 내용을 간단하게 메모해 주세요.

나의 지혜나무

배운 내용의 중심용어(단어)들로 지혜나무를 완성해 주세요. 관련성이 높은 용어들을 한 가지에 묶어주는 것이 중요합니다. 탐스런 지식열매가 가득 차도록 자유롭게 꾸며주세요.

지식 보물상자

공부한 내용 중에 오랫동안 기억 속에 담아 두고 싶은 지식은 무엇입니까? 여러분들이 엄선한 지식열매를 보물상자에 담아주세요.

스스로 평가 자기주도학습의 완성!		나의 신 호 등
01	나는 퀘스트 문제 상황을 잘 파악하고 공부할 주제를 도출했다.	① ② ③ ④ ⑤
02	나는 과제수행 내용을 기록하면서 알게 된 것과 알고 싶은 것을 잘 정리했다.	① ② ③ ④ ⑤
03	나는 공부한 내용을 바탕으로 지혜나무를 멋지게 완성했다.	① ② ③ ④ ⑤
04	나는 공부한 내용 중에 오랫동안 기억에 담아 둘 지식열매를 보물상자에 담았다.	① ② ③ ④ ⑤

자신의 학습과정을 되돌아보고 진지하게 평가해주세요.

Level up

오늘의 점수    나의 총점수

The Big Idea!

셀프 프로젝트학습을 수행하는 과정에서 배우고 느낀 점은 무엇입니까? 머릿속에 담겨진 그대로 꺼내어 마인드맵으로 표현해 봅시다. 더불어 학습과정에서 얻게 된 빅아이디어, 창의적인 생각을 정리하는 것도 잊지 마세요.

올클리어 스티커

Big Idea! Creative Thinking!

나의 지식사전	셀프프로젝트를 수행하는 과정에서 알게 된 중요한 지식을 '나의 지식사전'에 남기도록 합니다. 특히 해당 지식의 소멸시점을 예상하고 그 이유를 함께 기록해 보세요.	
핵심용어	**중심내용**	**내가 생각하는 지식유효기한과 이유**

★나에게 보내는 칭찬 한 마디

FREE NOTE

도전! 온라인 출판물 만들기 : 웹툰, 웹소설, QR코드

지금껏 출판은 특정 작가에게만 해당하던 먼 나라 이야기쯤으로 여겨왔어.

그런데 이제는 먼 나라 이야기가 아니야. 세상이 완전히 바뀐 거지. 누구나 페이스북, 카카오, 유튜브 등의 소셜미디어(social media)를 이용해 개인 방송을 즐겨하니 말이야.

그거 알아? 최근 초등학생이 꿈은 미래희망직업 1위가 웹툰작가라는 사실.

웹툰작가에 누구든 도전할 수 있어. 나이, 학력, 성별, 경력 등 어떤 것도 영향을 주지 않아. 실력만 있다면, 많은 사람들로부터 사랑받을 수 있지.

누구든 도전할 수 있다는 사실, 유명 웹툰작가의 과거직업만 봐도 쉽게 알 수 있어.

웹툰
도전!

그럼, 웹툰에 도전해볼까?
생각보다 어렵지 않아.

먼저, 편한 방법을 선택해서
만화를 그려보자!

만화를
그리자!

재미있는 이야기를
담아야지.

종이에 직접 그린 만화는 스마트폰의 사진 기능을 이용해 이미지 파일로 만들 수 있지만,
스캐너플을 사용하면 더욱 선명한 결과를 얻을 수 있어.

추천 어플

스캐너블(Scannable)
앱은 종이 스캔을 간편하게
지원해 주는 어플이야.
스캔한 파일은 JPG/PDF
형식으로 저장할 수 있는데
에버노트(Evernote)와
환상의 궁합을 자랑하지.
다른 어플도 많으니
사용하기 편한 녀석을
고르면 될 거야.

스캔 어플

클릭!

S
EXPRESS

스케치북(Sketchbook) 앱은
다양한 브러시도구들과
색상 조합, 레이어 기능 등
폭넓게 지원되는 게 특징이야.
스마트폰이나 테블릿 PC를
이용해 직접 그림을 그려 이미지
파일로 저장할 수도 있고,
반대로 이미지 파일을 불러와서
수정할 수도 있어. 스캐너블로
스캔한 이미지를 스케치북으로
불러와 채색하고 저장하는 것도
얼마든 가능해. 유사한 기능을
가진 어플도 많으니 적극 사용해
보면 좋을 것 같아.

이쯤하면 또래 친구들이 그린 웹툰 작품도 살짝 궁금하지 않아?

끽끼빠빠
프롤로그

아이들은 말합니다.

뭐해?(해맑)

빠직

빠직

낄땐 끼고 빠질땐 빠지라고

_6학년 배민솔 학생(2017년 작품)

좋은 웹툰은 대부분 매력적인 캐릭터가 등장하지만, 무조건 잘(?) 그린 그림이 독자들의 마음을 움직이는 것은 아니야. 그것보다는 웹툰이 담고 있는 이야기가 더 큰 역할을 한다고 볼 수 있어.

_6학년 조형빈 학생(2017년 작품)

이때부터, 나와
이 여우의 이야기가
시작된다.

_6학년 서민주 학생(2017년 작품)

드디어 나만의 매력적인 웹툰이 완성됐다면, 온라인 출판과정을 밟아나가면 돼.
네이버(naver.com) 등의 포털사이트에서는 손쉽게 온라인 출판을 할 수 있도록 관련 서비스를
제공해 주고 있어. 아래 등록 과정을 살펴보면 이해가 될 거야.

◆ 네이버 웹툰에 접속해서 만화올리기 클릭!

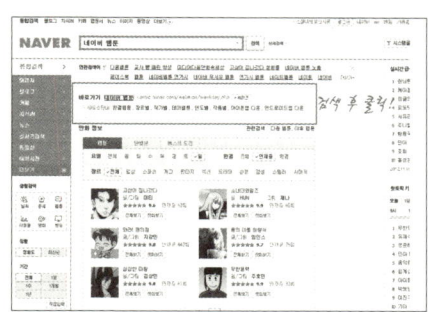
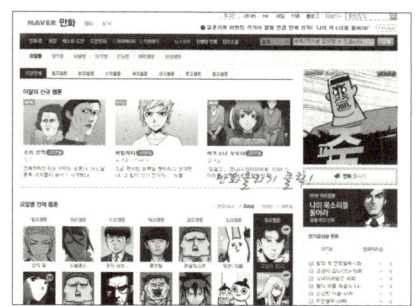

◆ 저작권에 유의하며 양식에 맞게 등록하기 - 등록할 이미지 파일크기에 유의할 것

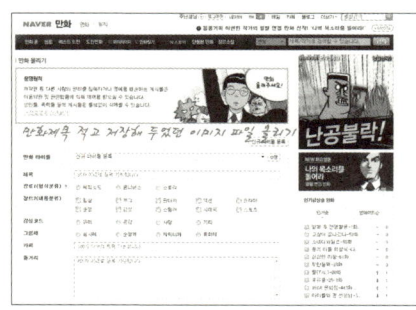

◆ 도전만화 공간에서 등록성공여부 확인하기

네이버에서는 등록한 웹툰이
독자들의 호응을 많이 받게
되면 '베스트 도전만화'로
승격해서 더 많은
이들이 볼 수 있도록
하고 있어.

_5학년 김현경 학생(2015년 작품)

도전! 온라인 출판물 만들기

한편, 만화뿐만 아니라 소설도 온라인을 통해 손쉽게 출판할 수 있어.
소설가를 꿈꾸는 친구들이라면 특별한 때를 기다리지 말고 바로 도전해 봐.
뭐, 소설가를 꿈꾸지 않더라도 재미삼아서 도전해 보는 것은 어때?

자세히 살펴볼까? 네이버 웹소설(novel.naver.com)에 접속하면 ❶작품올리기 메뉴가 있어. 거기로 들어가면 나만의 소설작품을 올릴 수 있는 공간이 나타날 거야. 제시된 양식에 따라 ❷장르와 연재주기, 표지이미지를 결정하고, ❸작품소개란을 채우면 되는데, ❹필명과 작가블로그 연계여부도 지정하도록 되어 있어. 마지막으로 저장버튼을 클릭하면 작품정보 등록완료!

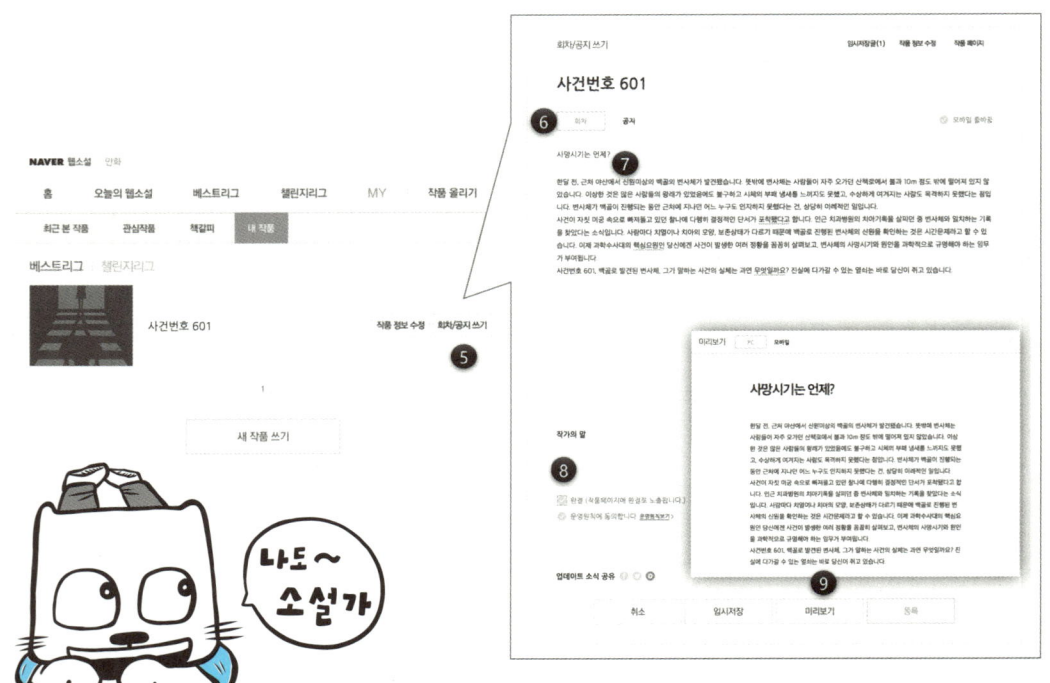

작품등록이 완료됐다면 챌린지리그 탭에 표지이미지와 작품제목이 보일 거야. 본격적으로 소설쓰기를 하려면 ❺회차/공지쓰기를 클릭해야 해. 소설은 연재를 기본으로 하기 때문에 회차별로 글을 쓰도록 되어 있어. 스마트폰이나 테블릿pc용으로 웹소설을 출판하고 싶다면, ❻모바일 줄바꿈을 선택해야 한다는 것 잊지마. 이어서 ❼제목과 내용(20,000자 이내)을 작성하고, ❽작가의 말을 덧붙이면 되는데, 하단에 운영원칙과 완결여부도 체크하도록 되어 있어. 더불어 페이스북과 트위터 등과 연계하여 웹소설의 업데이트 소식을 공유할 수 있어. ❾미리보기 버튼을 클릭하면 PC와 모바일 환경에서 각기 웹소설이 어떻게 출판되는지 확인할 수도 있으니 즐겨 사용해봐.

스낵북(snackbook.net)처럼 간편하게 작가등록을 하면 자유롭게 웹소설을 올리고, 심지어 자신의 작품을 판매할 수 있도록 지원해 주기도 해. 다만 작가등록을 하려면 19세 성인인증을 받아야 하니까 때가 될 때까지 기다려야겠지? 암튼 실력만 된다면 어느 곳에서든 웹툰 혹은 웹소설 작가로 활약할 수 있다는 건 분명해.

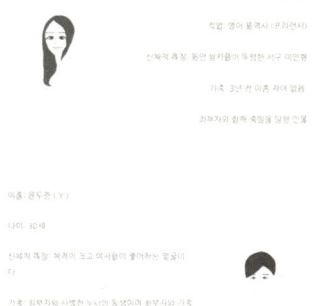

카카오(다음)를 비롯해 여러 인터넷기업에서 다양한 형태의 온라인 출판서비스를 제공하고 있어. 다만 여기선 네이버에서 제공하고 있는 서비스에 치중하고 있어. 설명하다보니 이렇게 됐네. 뭐 특별히 네이버에서 후원받아 하는 것은 아니니 오해하진 말자고. 하하하~ 이번에 소개할 출판 방법은 네이버포스트(post.naver.com), 개인적인 생각이지만 잡지와 같은 발행물 느낌이 필요하다면, 여러모로 제격인 것 같아.

네이버포스트는 스마트폰과 같은 모바일을 이용해 손쉽게 작성할 수 있도록 지원해 줘. 이들 중에서 템플릿을 이용하는 방법을 추천해 주고 싶어. 화면 상단에 ❶글쓰기 아이콘을 클릭한 후, ❷기본형과 카드형 중에 발행형식을 선택하면 돼. 참고로 카드형은 페이지 구분이 있는 것이고, 기본형은 구분이 없는 거야. ❸템플릿 화면에서 자신의 취향에 맞는 디자인을 고르면 글쓰기 화면이 나타나게 돼.

도전! 온라인 출판물 만들기

글쓰기 화면은 선택한 템플릿에 맞게 구성되어 있는데, 모든 것은 자신의 취향에 맞게 수정이 가능해. ❹스포이트 아이콘은 배경색깔을 변경할 때 사용하는 것이고, 그림 아이콘은 삽입할 이미지 파일을 추가하거나 변경할 때 사용되는 거야. 휴지통 아이콘은 선택한 페이지를 제거할 때 필요하겠지? 글을 터치하면 원하는 내용으로 곧바로 수정이 가능해서 제작 속도가 상대적으로 빨라.
❺더욱이 검색이 쉽도록 '태그추가하기' 기능을 제공하고, 블로그, 페이스북, 트위터와 연계하여 동시발행이 이뤄질 수 있도록 지원해 줘.
'내 탬플릿에 추가'를 켜면 수정한 템플릿을 이후에도 쉽게 활용할 수 있게 돼. 참 편리하지?

PC를 이용해 포스트를 작성할 것 같으면, 굳이 템플릿을 이용하지 않아도 될 것 같아. 좀 더 섬세한 작업이 가능하니 도전해 보라고. 마지막으로 각종 멀티미디어 자료를 한 곳에 모아 손쉽게 온라인 무대에 출판하는 방법을 소개해 볼께. QR 코드라고 들어봤지? 바로 그 주인공이야.

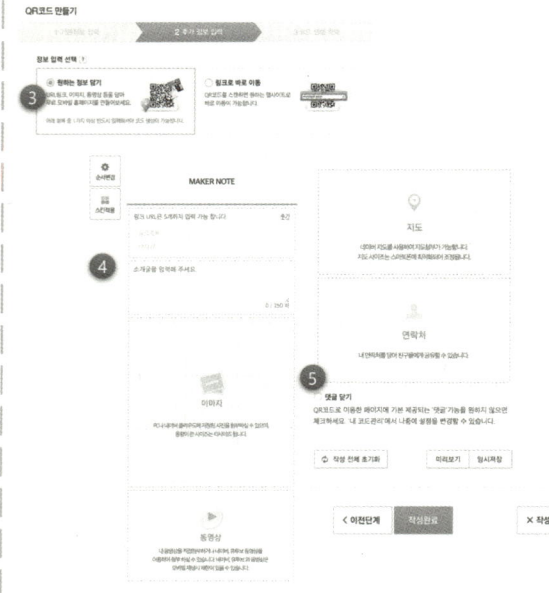

QR 코드(qr.naver.com) 메인화면에 가면 ❶나만의 QR 코드 만들기 버튼이 있어. 클릭하면 곧바로 코드제목, 코드스타일, 추가옵션 등을 설정하는 ❷기본정보입력 화면이 나와. 이어서 다음단계를 누르면 추가정보입력 화면이 나오게 돼.
근데 여기가 제일 중요해. 먼저 특정 홈페이지를 홍보할 목적이 아니라면 ❸원하는 정보 담기를 선택해야 해. ❹여기에는 URL 주소, 글, 그림, 동영상, 인터넷지도, 연락처 등 대부분의 멀티미디어 자료를 한꺼번에 담아낼 수 있어. 게다가
❺댓글달기를 체크하면, 해당 QR 코드에 접속한 독자들이 간단한 글을 남길 수도 있어.

그렇다면 완성된 QR 코드는 어떻게 읽을까? 아주 간단해. 앱스토어나 구글플레이에서 'QR code'라고 검색하면 관련 어플이 쏟아질 거야. 이 중에 자신에게 맞는 걸로 골라서 사용하면 돼. 물론 특정 어플을 사용하지 않더라도 QR 코드를 쉽게 읽을 수 있어. 네이버 모바일 웹에서 'QR 코드'를 검색하면 관련 화면이 나오는데, 이중 ❺코드 버튼을 누르면 ❼QR 코드 리더기가 곧바로 나오게 돼.

The BEST QR Code Readers

경주런닝맨 2

경주런닝맨 3

경주런닝맨 4

경주런닝맨 5

QR 코드 리더기를 '경주 런닝맨' QR 코드에 가까이 대면 ❽의 화면처럼 등록된 정보가 바로 나타나. 참 쉽지? 나머지 경주 런닝맨 QR 코드들도 확인해 봐. 재미삼아 경주에서 해 보는 것도 좋을 것 같은데? 암튼 얼마든지 QR 코드를 이용해 쉽고 간단한 방법으로 온라인 출판물을 만들 수 있음을 알게 됐을 거야. 조금만 익숙해지면 QR 코드를 찾아다니며 비밀지령을 수행하게 될지도 모르지. QR 코드에 친구들과의 소중한 추억이 담긴 사진과 동영상을 등록하는 것은 어떨까? 아마도 오랫동안 소중하게 간직할 수 있는 우정앨범이 탄생하게 될 거야. 기회가 된다면, 선생님, 부모님, 친구들과 어울려 QR 코드를 이용한 게임을 만들어 보는 것은 어때? 그냥 해 보자고 재밌잖아.

셀프프로젝트학습으로 빚어낸 작품들을 온라인 출판물로 메이킹(Making)해 보자!

Maker

내가 찾은 위대한 유산 Lv.1

프로젝트학습에서 제공된 나만의 교과서는 일반적인 과목별 공부에도 얼마든지 활용 가능합니다. 읽고 쓰고 외우며 반복하는 지루한 방식이 아닌 나만의 공부방법으로 재미있게 채워나갈 수 있습니다. 고릴라공책과 함께 하는 위대한 여정에 동참해 주세요.

사람과의 DNA가 97-98% 일치하는 고릴라, 침팬지 다음으로 인간과 비슷한 동물입니다. 인류의 먼 조상도 어느 지점에선 고릴라의 수준에 불과했었겠죠? 사실 2%의 차이가 오늘날의 인류문명을 세웠다고 볼 수 있습니다.

그러나 찬란한 문명 뒤에는 전쟁과 파괴의 참혹한 역사가 늘 자리하고 있습니다. 바로 지금 이 순간에도 세계 곳곳에서 전쟁과 파괴의 참혹한 역사는 되풀이 되고 있죠. 물론 경우는 다르겠지만, 치열한 경쟁 속에 살아남아야 하는 우리들 역시 다르지 않습니다. 승자가 독식하는 세상 속에 약자에 대한 배려는 실종되기 마련입니다.

과연 이대로 괜찮을까요? 그래서 인간보다 열등하다고 치부하는 고릴라에게서 배움을 얻고자 합니다. 고릴라는 15-30마리가 함께 무리를 지으며 살아갑니다. 경험 많고 지혜로운 리더를 중심으로 평생 평화로운 삶을 추구합니다. 외모와 달리 외부로부터 위협을 받지 않는다면 먼저 공격하는 법도 없습니다. 이웃 고릴라 무리와도 경쟁보다 상생을 택하며 평화롭게 지내지요. 고릴라 공책이 추구하는 가치도 바로 여기에 있습니다. 치열한 경쟁이 우선되는 공부가 공존과 상생의 가치를 공유하는 기회가 될 수만 있다면 그것 자체만으로도 의미 있는 시도가 아닐까요?

Quest A : 교과서 속 위대한 유산을 찾아라!

퀘스트

인류의 위대한 유산 중에 엄선된 지식들을 담고자 노력한 책 중에 하나가 교과서입니다. 교과서 속에는 인류의 문명을 세우고 발전시키는 데 중요한 영향을 미친 수많은 지식들이 담겨져 있습니다. 우리들이 편안하게 누리고 있는 많은 것들은 교과서에 담긴 지식을 출발점으로 삼고 있기도 합니다. 하지만 불행히도 재미있는 책이 아니죠. 더 불행한 건 지식을 곱씹으며 앎의 기쁨을 주기보다 시험을 목적으로 일시적인 암기의 대상이 되는 것이 오늘날의 현실입니다. 시험 볼 때까지 한시적으로 기억해 두었다가 시험이 끝나면 쓸모가 없어지는 그런 지식들로 치부되는 거죠. 결과적으로 교과서에서 다룬 수많은 지식들은 머릿속에서 흔적 없이 사라지고 자신감을 떨어뜨리는 시험점수만 기억됩니다. 절대 정상이 아니죠. 이제 당신의 할 일은 바꾸는 겁니다. 지금까지의 생각을 바꾸고 교과서 속 위대한 유산을 찾아 떠나 봅시다.

나의 위대한 여정 8   목차

스스로 선정한 과목과 단원을 중심으로 기억 속에 남겨두고 싶은 교과서의 위대한 유산을 찾아 떠나봅시다. '나의 위대한 여정 8' 미션은 활동내용을 '고릴라 공책'에 기록하는 것으로 완성됩니다. 고릴라 공책을 작성하며 내용 하나하나를 곱씹어보면서 다음 목차를 완성해 봅시다.

고릴라 공책	위대한 유산 [핵심키워드]	중심과목	단원(주제)	활동제목(내용)	기록일 [월/일]
1					/
2					/
3					/
4					/
5					/
6					/
7					/
8 보스 레벨	Big Idea! Creative Thinking! – 나의 위대한 여정에 대한 한줄 평가				/

공부한 내용의 중심용어(단어)들로 지혜나무를 완성해 주세요. 관련성이 높은 용어들을 한 가지에 묶어주는 것이 중요합니다. 탐스런 지식열매가 가득 차도록 자유롭게 꾸며주세요.

 공부한 내용 중에 오랫동안 기억 속에 담아 두고 싶은 지식은 무엇입니까? 여러분들이 엄선한 지식열매를 보물상자에 담아주세요.

고릴라공책 **02** : 활동제목 :

공부한 내용의 중심용어(단어)들로 지혜나무를 완성해 주세요. 관련성이 높은 용어들을 한 가지에 묶어주는 것이 중요합니다. 탐스런 지식열매가 가득 차도록 자유롭게 꾸며주세요.

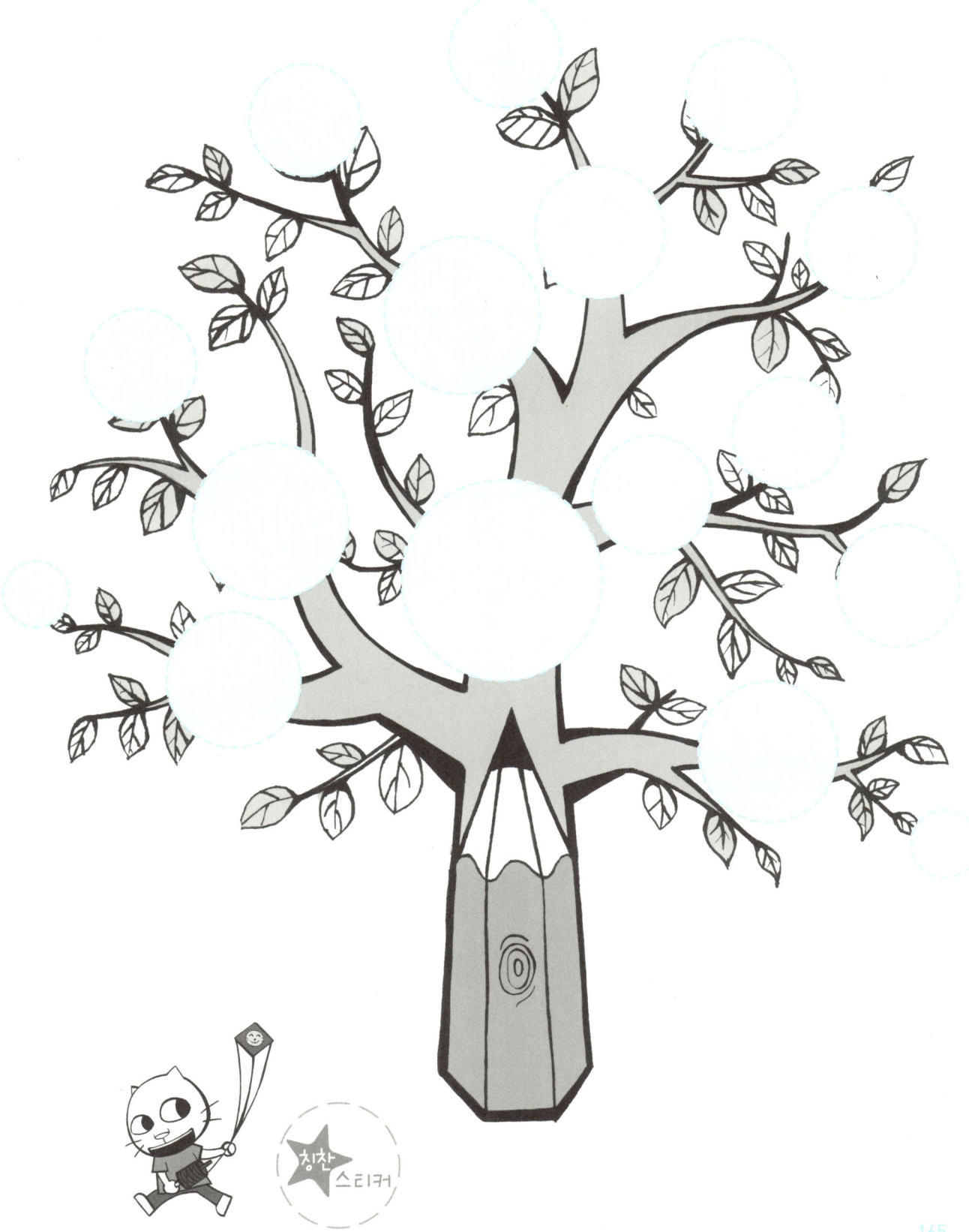

칭찬 스티커

지식 보물상자 공부한 내용 중에 오랫동안 기억 속에 담아 두고 싶은 지식은 무엇입니까? 여러분들이 엄선한 지식열매를 보물상자에 담아주세요.

★ 나만의 잼공포인트

자신의 호기심을 자극하거나 충족시킨 재미있는 내용을 간단하게 메모해 주세요.

공부한 내용의 중심용어(단어)들로 지혜나무를 완성해 주세요. 관련성이 높은 용어들을 한 가지에 묶어주는 것이 중요합니다. 탐스런 지식열매가 가득 차도록 자유롭게 꾸며주세요.

칭찬 스티커 :

 공부한 내용 중에 오랫동안 기억 속에 담아 두고 싶은 지식은 무엇입니까? 여러분들이 엄선한 지식열매를 보물상자에 담아주세요.

★ 나만의 잼공포인트

자신의 호기심을 자극하거나 충족시킨 재미있는 내용을 간단하게 메모해 주세요.

고릴라공책  **04** : 　**활동제목 :**

공부한 내용의 중심용어(단어)들로 지혜나무를 완성해 주세요. 관련성이 높은 용어들을 한 가지에 묶어주는 것이 중요합니다. 탐스런 지식열매가 가득 차도록 자유롭게 꾸며주세요.

청찬 스티커

 공부한 내용 중에 오랫동안 기억 속에 담아 두고 싶은 지식은 무엇입니까? 여러분들이 엄선한 지식열매를 보물상자에 담아주세요.

★ 나만의 잼공포인트

자신의 호기심을 자극하거나 충족시킨 재미있는 내용을 간단하게 메모해 주세요.

공부한 내용의 중심용어(단어)들로 지혜나무를 완성해 주세요. 관련성이 높은 용어들을 한 가지에 묶어주는 것이 중요합니다. 탐스런 지식열매가 가득 차도록 자유롭게 꾸며주세요.

지식 보물상자 공부한 내용 중에 오랫동안 기억 속에 담아 두고 싶은 지식은 무엇입니까? 여러분들이 엄선한 지식열매를 보물상자에 담아주세요.

★ 나만의 잼공포인트

자신의 호기심을 자극하거나 충족시킨 재미있는 내용을 간단하게 메모해 주세요.

활동제목 :

공부한 내용의 중심용어(단어)들로 지혜나무를 완성해 주세요. 관련성이 높은 용어들을 한 가지에 묶어주는 것이 중요합니다. 탐스런 지식열매가 가득 차도록 자유롭게 꾸며주세요.

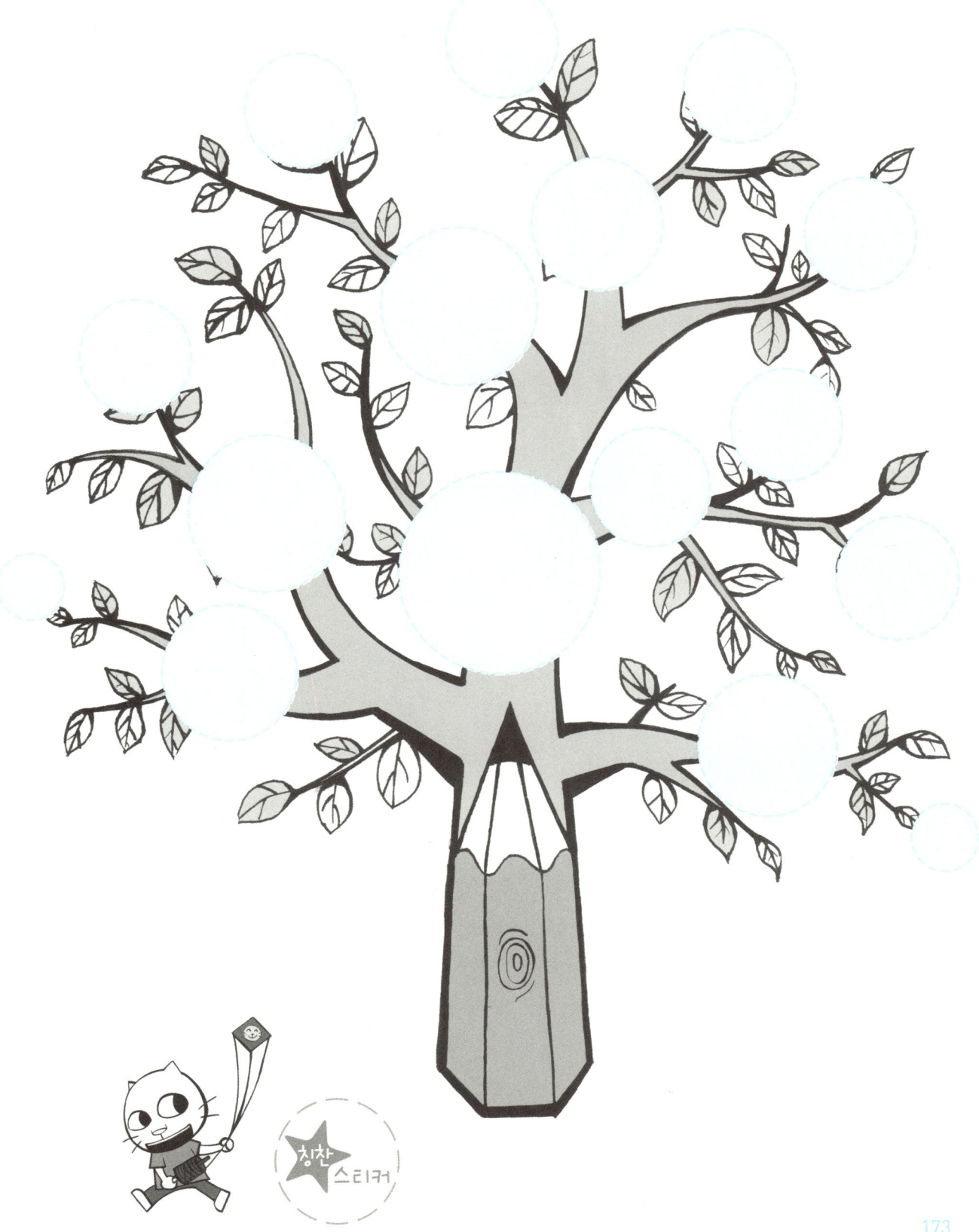

청찬 스티커

공부한 내용 중에 오랫동안 기억 속에 담아 두고 싶은 지식은 무엇입니까? 여러분들이 엄선한 지식열매를 보물상자에 담아주세요.

★ 나만의 잼공포인트

자신의 호기심을 자극하거나 충족시킨 재미있는 내용을 간단하게 메모해 주세요.

고릴라공책 07 : 활동제목 :

공부한 내용의 중심용어(단어)들로 지혜나무를 완성해 주세요. 관련성이 높은 용어들을 한 가지에 묶어주는 것이 중요합니다. 탐스런 지식열매가 가득 차도록 자유롭게 꾸며주세요.

 공부한 내용 중에 오랫동안 기억 속에 담아 두고 싶은 지식은 무엇입니까? 여러분들이 엄선한 지식열매를 보물상자에 담아주세요.

★ 나만의 잼공포인트

자신의 호기심을 자극하거나 충족시킨 재미있는 내용을 간단하게 메모해 주세요.

보스레벨

교과서 속 위대한 유산은 미래의 새로운 가치로 연결될 수 있습니다. 고릴라 공책을 작성하는 과정에서 배우고 느낀 점뿐만 아니라 엉뚱하게 떠오른 독특한 생각들까지 떠올려 봅시다. 머릿속에 그려지는 그대로 꺼내어 마인드맵 또는 타이포그래피로 완성하는 것이 위대한 여정의 최종 관문입니다.

스스로 평가 자기주도학습의 완성!

나의 신 호 등

01	나는 교과서 속 위대한 유산을 찾아 최선을 다해 탐구했다.	① ② ③ ④ ⑤
02	나는 교과서 속 위대한 유산을 고릴라 공책의 지혜나무에 멋지게 담아냈다.	① ② ③ ④ ⑤
03	나는 공부한 내용 중에 오랫동안 기억하고 싶은 지식열매를 보물상자에 담았다.	① ② ③ ④ ⑤
04	나는 고릴라공책의 보스레벨을 충실히 해결하고 '위대한 여정 8'을 마쳤다.	① ② ③ ④ ⑤

FREE NOTE

Quest
퀘스트 B : 책 속 위대한 유산을 찾아라!

책 속에는 다양한 인물과 그들의 삶이 존재합니다. 책장을 넘기며 작은 이야기들에 빠져 들다보면 우리의 인생을 행복하고 풍요롭게 가꾸어줄 소중한 교훈들을 만나게 됩니다. 그리고 이들 중에는 시대와 민족을 초월하여 오랫동안 사랑받아온 책들이 있습니다. 이곳에는 각자의 흥미와 적성에 따라 꿈을 키우면서 행복한 사람으로 성장하는데 필요한 지식과 지혜가 가득 담겨있습니다. 자, 그렇다면 우리들의 삶에 길라잡이가 되어줄 위대한 유산(책)은 어디에 있을까요? 당신의 호기심과 흥미를 좇아 지혜의 창고인 도서관 혹은 서점에서 위대한 유산을 찾아봅시다.

나의 위대한 여정 8   **목차**

자신의 호기심과 흥미가 책을 선정하는 기준입니다. 아무리 유익한 책이더라도 흥미가 없다면 배움이 일어날 수 없기 때문입니다. 자, 그렇다면 책 속에 감춰진 보물들을 어서 꺼내 봐야겠죠? '나의 위대한 여정 8' 미션 역시, 활동내용을 '고릴라 공책'에 기록하는 것으로 완성됩니다. 고릴라 공책을 작성할 때마다 책의 내용을 떠올리며 다음 목차를 작성해 봅시다.

고릴라 공책	위대한 유산 [핵심키워드]	중심과목	단원(주제)	활동제목(내용)	기록일 [월/일]
1				/
2				/
3				/
4				/
5				/
6				/
7				/
8 보스 레벨	Big Idea! Creative Thinking! – 나의 위대한 여정에 대한 한줄 평가			/

활동제목 :

공부한 내용의 중심용어(단어)들로 지혜나무를 완성해 주세요. 관련성이 높은 용어들을 한 가지에 묶어주는 것이 중요합니다. 탐스런 지식열매가 가득 차도록 자유롭게 꾸며주세요.

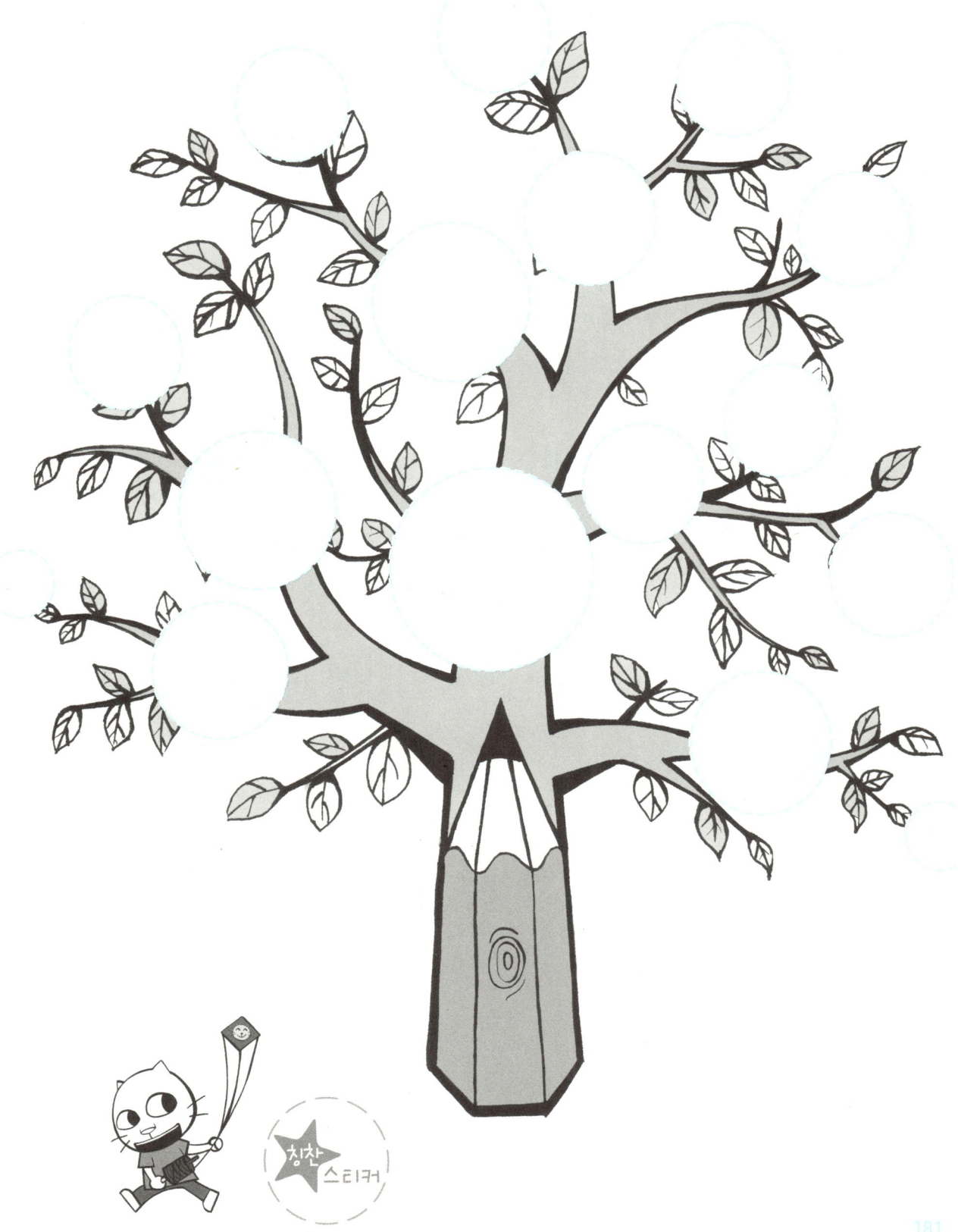

칭찬 스티커

 공부한 내용 중에 오랫동안 기억 속에 담아 두고 싶은 지식은 무엇입니까? 여러분들이 엄선한 지식열매를
보물상자에 담아주세요.

자신의 호기심을 자극하거나 충족시킨 재미있는 내용을 간단하게 메모해 주세요.

공부한 내용의 중심용어(단어)들로 지혜나무를 완성해 주세요. 관련성이 높은 용어들을 한 가지에 묶어주는 것이 중요합니다. 탐스런 지식열매가 가득 차도록 자유롭게 꾸며주세요.

칭찬 스티커 :

공부한 내용 중에 오랫동안 기억 속에 담아 두고 싶은 지식은 무엇입니까? 여러분들이 엄선한 지식열매를 보물상자에 담아주세요.

★ 나만의 잼공포인트

자신의 호기심을 자극하거나 충족시킨 재미있는 내용을 간단하게 메모해 주세요.

공부한 내용의 중심용어(단어)들로 지혜나무를 완성해 주세요. 관련성이 높은 용어들을 한 가지에 묶어주는 것이 중요합니다. 탐스런 지식열매가 가득 차도록 자유롭게 꾸며주세요.

청찬 스티커

지식 보물상자 공부한 내용 중에 오랫동안 기억 속에 담아 두고 싶은 지식은 무엇입니까? 여러분들이 엄선한 지식열매를 보물상자에 담아주세요.

★ 나만의 잼공포인트

자신의 호기심을 자극하거나 충족시킨 재미있는 내용을 간단하게 메모해 주세요.

고릴라공책 **04** : 활동제목 :

공부한 내용의 중심용어(단어)들로 지혜나무를 완성해 주세요. 관련성이 높은 용어들을 한 가지에 묶어주는 것이 중요합니다. 탐스런 지식열매가 가득 차도록 자유롭게 꾸며주세요.

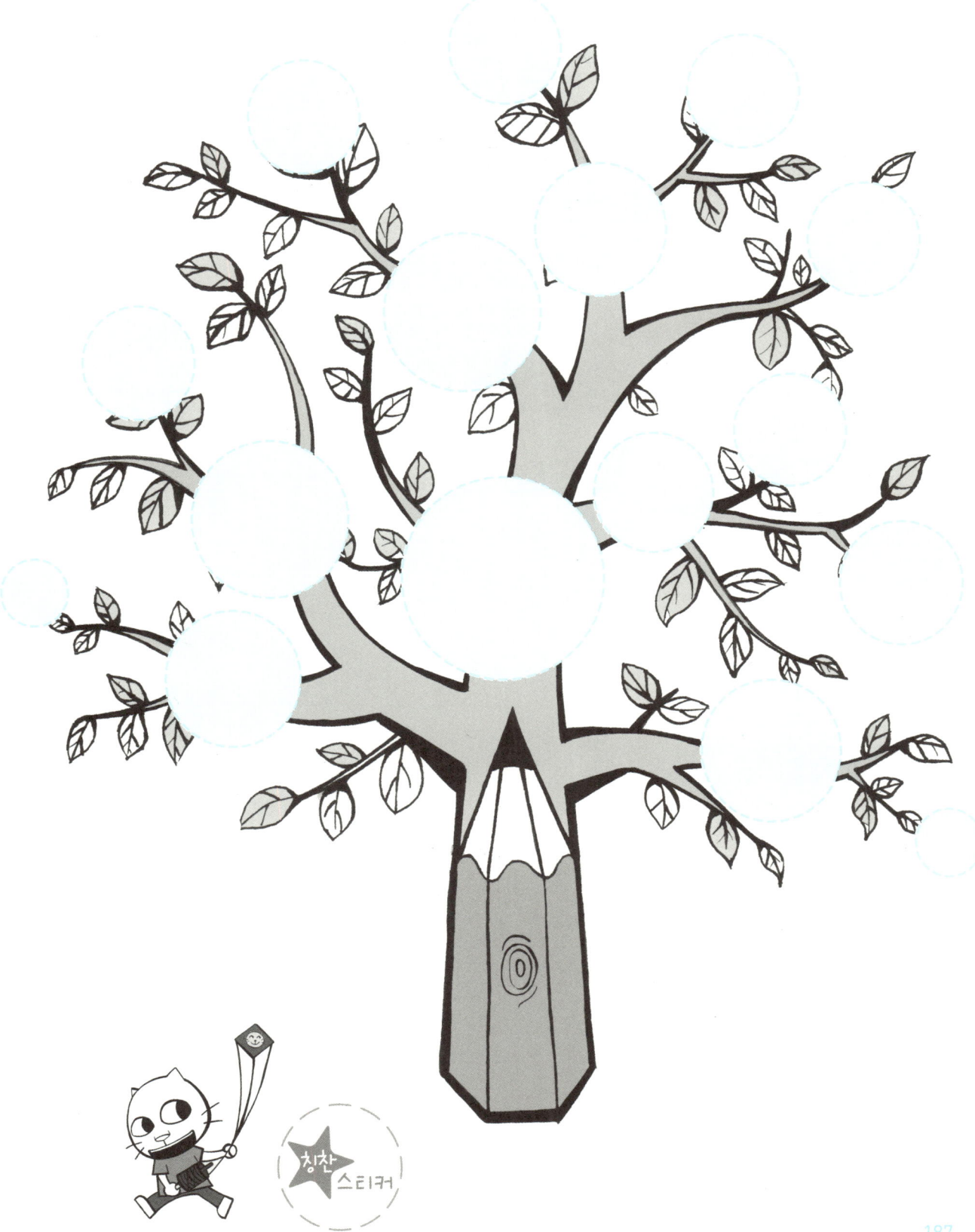

청찬 스티커

 공부한 내용 중에 오랫동안 기억 속에 담아 두고 싶은 지식은 무엇입니까? 여러분들이 엄선한 지식열매를 보물상자에 담아주세요.

공부한 내용의 중심용어(단어)들로 지혜나무를 완성해 주세요. 관련성이 높은 용어들을 한 가지에 묶어주는 것이 중요합니다. 탐스런 지식열매가 가득 차도록 자유롭게 꾸며주세요.

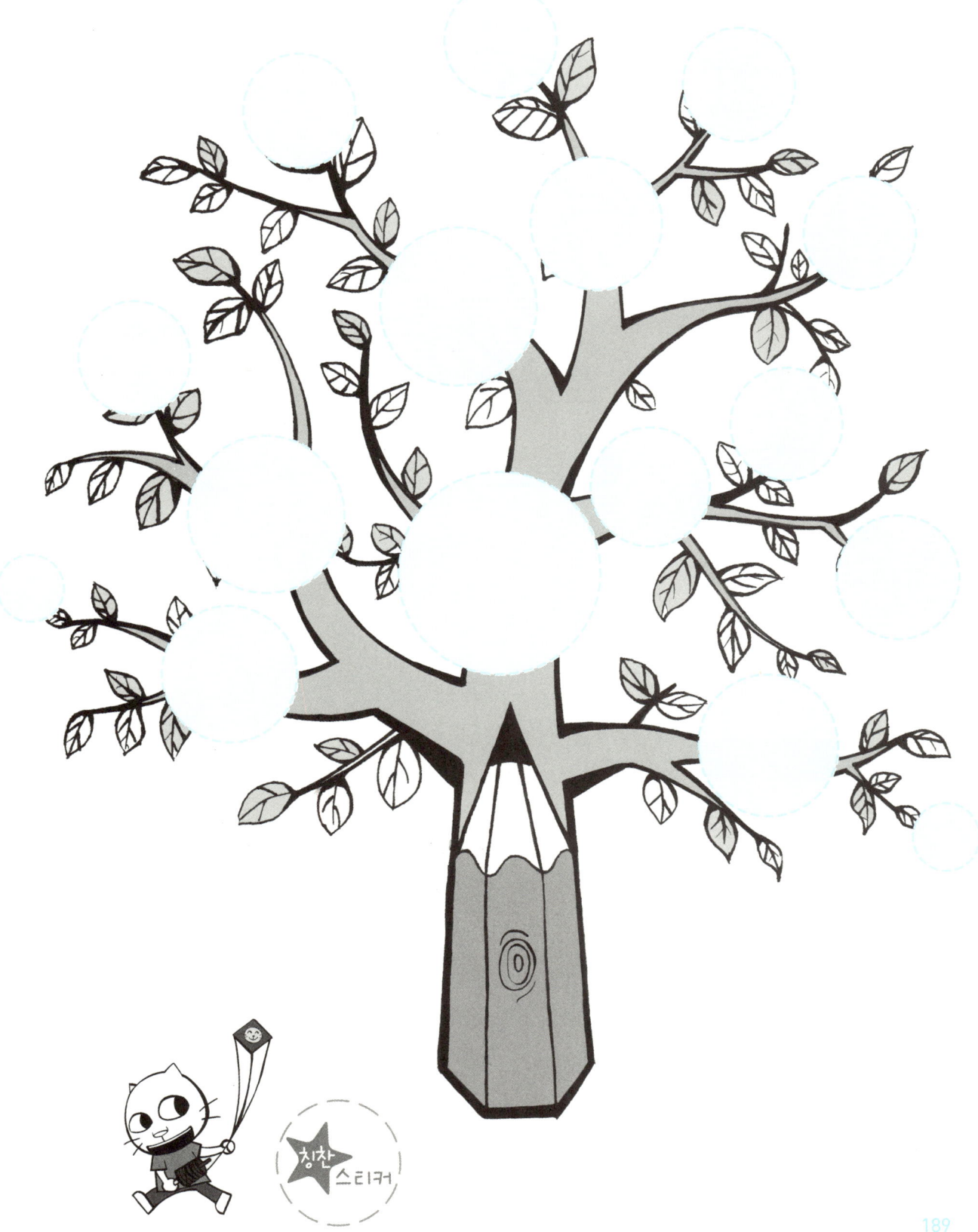

공부한 내용 중에 오랫동안 기억 속에 담아 두고 싶은 지식은 무엇입니까? 여러분들이 엄선한 지식열매를 보물상자에 담아주세요.

★ 나만의 잼공포인트

자신의 호기심을 자극하거나 충족시킨 재미있는 내용을 간단하게 메모해 주세요.

고릴라공책 **06** : 활동제목 :

공부한 내용의 중심용어(단어)들로 지혜나무를 완성해 주세요. 관련성이 높은 용어들을 한 가지에 묶어주는 것이 중요합니다. 탐스런 지식열매가 가득 차도록 자유롭게 꾸며주세요.

칭찬 스티커

191

 공부한 내용 중에 오랫동안 기억 속에 담아 두고 싶은 지식은 무엇입니까? 여러분들이 엄선한 지식열매를 보물상자에 담아주세요.

★ 나만의 잼공포인트

자신의 호기심을 자극하거나 충족시킨 재미있는 내용을 간단하게 메모해 주세요.

공부한 내용의 중심용어(단어)들로 지혜나무를 완성해 주세요. 관련성이 높은 용어들을 한 가지에 묶어주는 것이 중요합니다. 탐스런 지식열매가 가득 차도록 자유롭게 꾸며주세요.

 공부한 내용 중에 오랫동안 기억 속에 담아 두고 싶은 지식은 무엇입니까? 여러분들이 엄선한 지식열매를 보물상자에 담아주세요.

자신의 호기심을 자극하거나 충족시킨 재미있는 내용을 간단하게 메모해 주세요.

올클리어
스티커

책 속의 위대한 유산은 미래의 새로운 가치로 연결될 수 있습니다. 고릴라 공책을 작성하는 과정에서 배우고 느낀 점뿐만 아니라 엉뚱하게 떠오른 독특한 생각들까지 떠올려 봅시다. 머릿속에 그려지는 그대로 꺼내어 마인드맵 또는 타이포그래피로 완성하는 것이 위대한 여정의 최종 관문입니다.

진지하게
평가하기

스스로 평가 자기주도학습의 완성!   나의 신 호 등

01	나는 책 속에 담긴 위대한 유산(이야기)을 찾아 읽으며, 내용을 정확히 이해했다.	① ② ③ ④ ⑤
02	나는 책 속에 담긴 위대한 유산을 고릴라 공책의 지혜나무에 멋지게 담아냈다.	① ② ③ ④ ⑤
03	나는 책의 내용 중에 오랫동안 기억하고 싶은 지혜의 열매를 보물상자에 담았다.	① ② ③ ④ ⑤
04	나는 고릴라공책의 보스레벨을 충실히 해결하고 '위대한 여정 8'을 마쳤다.	① ② ③ ④ ⑤

활동제목 :

지식 보물상자 공부한 내용 중에 오랫동안 기억 속에 담아 두고 싶은 지식은 무엇입니까? 여러분들이 엄선한 지식열매를 보물상자에 담아주세요.

★ 나만의 잼공포인트

자신의 호기심을 자극하거나 충족시킨 재미있는 내용을 간단하게 메모해 주세요.

FREE NOTE

Quest C : Find the Future! 미래를 찾아라!

고릴라 공책에 담아낸 위대한 유산은 단순히 과거의 기록이 아닙니다. 거기에는 과거뿐만 아니라 '오늘'이 있고, 더 나아가 내일의 이야기가 존재합니다. 과연 그것이 무엇일까요? 단지 이들 지식이나 이야기를 머릿속에 기억해 두려는 것은 망각이라는 믿지 못할 과거에 가두는 행동입니다. 오래 묵은 과거의 유산에 머물지 않도록 오늘날 사람들의 마음을 움직일 수 있는 살아있는 이야기로 꾸며 봅시다. 어쩌면 작은 이야기가 우리들이 꿈꾸는 미래로 안내해 줄지도 모르는 일입니다.

이야기 공작소 1

퀘스트 A 또는 B에서 수행한 '위대한 여정 8' 활동을 토대로 이야기를 만들어 봅시다. 이야기는 반드시 어느 미래를 배경으로 해야 합니다. 이것을 제외하곤 장르와 등장인물 등 어떤 형식적 제약도 없습니다. 이야기 공작소의 작가가 되어 상상의 나래를 펼쳐 봅시다.

제목 : {   }

내가 구상한 이야기의 줄거리 :

이야기와 관련된 위대한 유산 :

이야기 공작소 2 만화그리기 활동으로 이야기를 쉽게 표현해 보세요. 6컷 만화시리즈 3부작으로 구성해 봅니다. 가능하다면 'Maker Note ❷ 도전! 온라인 출판물 만들기' 를 참고하여 웹툰이나 웹소설로 뽐내는 것도 좋은 방법입니다.

제목 ❶: {   }

이야기
공작소**2**

제목 **②**:
{ 　　　　　　　　　　　　　　　　　　　　　　　　 }

제목 ❸:

{   }

이야기 공작소3 내가 열고 싶은 미래는 어떤 모습입니까? 이야기 공작소 1과 2활동과정에서 얻게 된 호기심과 흥미를 토대로 '나' 자신이 주인공인 이야기의 출발점을 만들어 봅시다.

나의 과거, 현재 그리고 미래에 대한 이야기

과거	현재	미래

▼ 호기심과 흥미를 토대로 완성하고 싶은 나만의 이야기

올클리어 스티커 ★

FREE NOTE

epilogue. 나만의 메이커 갤러리

셀프프로젝트학습은 여러분의 **상상을 현실로 만드는 과정**이었습니다. 정말 대단해요. 칭찬해 주고 싶네요. 흥미와 호기심을 쫓아 재미있게 공부하는 방법과 그 노하우를 많이많이 터득했길 바랍니다.

자, 그럼 셀프프로젝트학습의 소중한 작품들을 생생한 사진으로 담아 이곳 메이커 갤러리에 전시해 보도록 합시다. 이왕이면 단순히 **결과만이 아닌 과정까지 시간 순서대로** 남기면 좋을 것 같아요. 아울러 '소중한 흑역사' 공간은 셀프프로젝트학습 과정에서 겪었던 아찔한 실수나 실패로 기억될 결과물들을 간직하는 곳입니다. 공부과정에서 겪게 되는 실패는 본래 아름다운 것입니다. **아름다운 실패로 기억될 흑역사가 있어야 단단하게 성장하고 멋지게 발전한답니다.** 부끄러워하지 말고 메이커 갤러리에 꼭 남겨주세요.

01. 작품이름 : _____

시작

★한줄평

02

★

초종작품

03

★

나의 소중한 흑역사

나의 소중한
흑역사

02. 작품이름 : _____

시작

★한줄평

02

★

최종
작품

★

03

03. 작품이름 : _____

★한줄평

최종
작품

나의 소중한
흑역사

나의 소중한
흑역사

04. 작품이름 : ──────────────────────

시작

★한줄평

02

★

최종
작품

03

★

05. 작품이름 : _____

시작

★한줄평

02

★

최종
작품

03

★

나의 소중한
흑역사